JN075303

新発見！

魔法の英単語

音声DL付

おもしろミニダイアローグ235

リサ・ヴォート
Lisa Vogt

Jリサーチ出版

はじめに

いち、にの、さん！で、中学レベルの単語力が日常会話やビジネスの場面でも使える中級（intermediate）から上級（advanced）の単語力にグレードアップ

たとえばBookという単語は中学校で「本」と習います。しかしこの単語には「本」以外にたくさんの意味があるのをご存じでしょうか。分かりやすいところで言えば、

I booked a hotel room.
（ホテルの部屋を予約した）

そう、「予約する」という意味があります。予約といえば予約者の名前が書かれたリストがあります。そうです、Bookは「帳簿」という意味でもよく使われる単語なのです。

このように一つの英単語には複数の意味がありますが、だからといって辞書にある全ての意味を覚えるのは大変ですね。

そこで、本書は「ネイティブスピーカーがよく使う」という観点から、

Beginner ➡ intermediate ➡ advanced

という順で、２つまたは３つの意味に絞り込みました。知っている意味（中学レベル）から連想してスーッと頭に入ってくるよう、見開き２ページずつ英単語を紹介しています。

数にすると83語です。その中によく使う意味が２つから３つ、235通りあり、実践ですぐに使えるようにダイアローグが用意されています。

一見まったく違う意味でありながら、そのルーツは新発見がいっぱい！

それぞれの意味は一見まったく違う意味でありながら、ルーツをさかのぼると「なるほど！」と膝を打ちたくなるような背景を持っています。それを確認できれば、知らなかった意味もラクに頭に入り、二度と忘れることがないでしょう。

なにしろ、１つ目の（中学で習った）意味はわかっているのですから、ピョンとそれを踏み台にして、これまで知ることのなかった粋な単語の使い方をマスターできるでしょう。

それでは魔法の単語学習、スタートです。

リサ・ヴォート

本書の使い方

本書は選び抜かれた便利な英単語が83語、beginner ➡ intermediate の２段階、または、beginner ➡ intermediate ➡ advanced の３段階に分けて、「意味」「用法」が紹介されています。中学レベルの意味は知っているのに、さらにその上のレベルになると予想以上に知らない意味に出会うはずです。その驚きこそ新発見であり、驚きが強ければ強いほど、記憶に残り、実践で使えるようになります。

STEP 1

まずは見開き左ページbeginnerレベルの単語を見ましょう。簡単な単語ですが、覚えていない人はここで復習してください。

STEP 2

次は、ネイティブスピーカーもよく使うintermediateレベルの意味です。予想外な意味・用法に驚きを感じた人は、その好奇心に拍手です。好奇心こそ、英語力が伸びるカギになります。

STEP 3

３つ目はネイティブスピーカーもよく使う上級レベルの意味です。ぜんぜん中学の意味と違うと焦る必要はありません。単語自体はすでに知っているのですから、新しい意味に一度触れておけば、すぐに使えるようになります。単語のルーツをたどれば意外とつながっている背景があります。それを発見できれば、インプット力はさらに高まります。

STEP 4

見開き左ページの下には、単語のルーツ（語源）や使い方のポイントが解説されています。ここをチェックするだけで、中級・上級の意味・用法が瞬時に連想できるようになります。

STEP 5

見開き右ページで、初級・中級・上級レベルの２つまたは３つの意味をさらに練習しておきましょう。

STEP 1

中学で習った単語とその意味
イラストを見ながら
イメージしましょう

STEP 5

初級・中級・上級レベルの
例文を練習しましょう

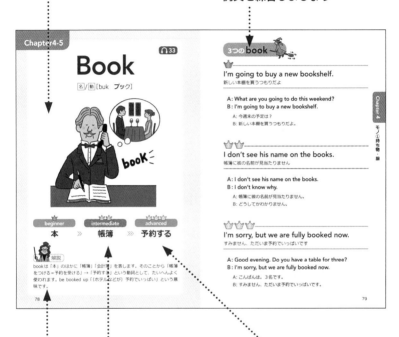

Chapter4-5

33

Book

名/動 [buk　ブック]

book

beginner 本 » intermediate 帳簿 »» advanced 予約する

解説

bookは「本」のほかに「帳簿」「会計簿」を表します。そのことから「帳簿をつける＝予約を受ける」→「予約する」という動詞として、たいへんよく使われます。be booked up「(ホテルなどが) 予約でいっぱい」という意味です。

78

3つのbook

I'm going to buy a new bookshelf.
新しい本棚を買うつもりだよ

A: What are you going to do this weekend?
B: I'm going to buy a new bookshelf.
A: 今週末の予定は？
B: 新しい本棚を買うつもりだよ。

I don't see his name on the books.
帳簿に彼の名前が見当たりません

A: I don't see his name on the books.
B: I don't know why.
A: 帳簿に彼の名前が見当たりません。
B: どうしてかわかりません。

I'm sorry, but we are fully booked now.
すみません、ただいま予約でいっぱいです

A: Good evening. Do you have a table for three?
B: I'm sorry, but we are fully booked now.
A: こんばんは。3名です。
B: すみません、ただいま予約でいっぱいです。

Chapter 4 モノ①持ち物・服

79

STEP 2

ネイティブが日常会話でよく
使う中級レベルの意味

STEP 3

ネイティブが日常会話でよく
使う上級レベルの意味

STEP 4

単語の覚え方・ルーツ（語源）
がわかるポイント解説

音声ダウンロードのしかた

STEP1

インターネットで「https://audiobook.jp/exchange/jresearch」にアクセス！

※上記URLを入力いただくか、Jリサーチ出版のサイト（https://www.jresearch.co.jp）内の「音声ダウンロード」バナーをクリックしてください。

STEP2

表示されたページから、audiobook.jp への会員登録

※音声のダウンロードには、オーディオブック配信サービスaudiobook.jpへの会員登録（無料）が必要です。すでに、audiobook.jpの会員の方はSTEP3へお進みください。

STEP3

登録後、再度 STEP1 のページにアクセスし、シリアルコードの入力欄に「25076」を入力後、「送信」をクリック！

※作品がライブラリに追加されたと案内が出ます。

STEP4

必要な音声ファイルをダウンロード！

※スマートフォンやタブレットの場合は、アプリ「audiobook.jp」の案内が出ますので、アプリからご利用ください。

※PCの場合は「ライブラリ」から音声ファイルをダウンロードしてご利用ください。

ご注意！

- PCからでも、iPhoneやAndroidのスマートフォンやタブレットからでも音声を再生いただけます。
- 音声は何度でもダウンロード・再生いただくことができます。
- ダウンロード・アプリのご利用についてのお問い合わせ先：info@febe.jp（受付時間：平日10～20時）

※本サービスは予告なく変更・終了する場合があります。

目次

Chapter1 人・動物

Chapter2 場所・時間・出来事

Chapter3 色・音・形

Chapter4 モノ①持ち物・服

Chapter5 モノ②身の回りの物・食べ物

Chapter6 身体・自然

Chapter7 動作・状態

Chapter8 感情・感覚

Chapter 1

人・動物

bear＝クマ だけじゃない！？
人の性質や動物の
意外な意味を新発見！

02

Duck

名/動 [dʌk　ダック]

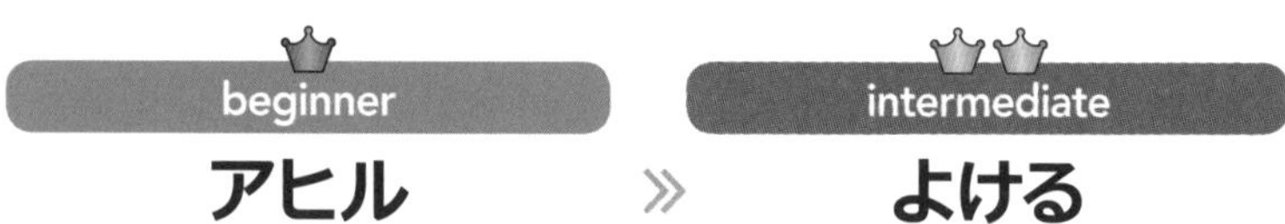

アヒル » **よける**

鴨やアヒルのように水面にひょいと頭を入れ、潜るしぐさから、「(身を）かわす」という意味で使われています。また、水中でも陸の上でも活動できることから、水陸両用車をduckと呼んだりもします。

2つのduck

I'm going to take a bath with my rubber ducky!

ゴムのアヒルちゃんとお風呂に入るの！

A: I'm going to take a bath with my rubber ducky!
B: That sounds good.

A: ゴムのアヒルちゃんとお風呂に入るの！
B: それはいいね。

Duck!

よけて！

A: Duck!
B: That was close!

A: よけて！
B: 危機一髪！

一緒に覚えよう

● **duck out** ちょっと出てくる

This game is boring. I will duck out for a while.
この試合は退屈だね。ちょっと出てくるよ。

● **take to ～ like a duck to water** きわめて自然に～になじむ

Today's retirees are taking to new technology like a duck to water.
近ごろの退職者は、新しいテクノロジーにごく自然になじんでいます。

03

Bear

名/動[bɛər　ベア]

I bear all responsibility ....

クマ »

我慢する »»

～を負う

名詞のbearは「熊」ですが、元来、動詞のbearにはcarryと同じ「運ぶ」という意味があります。そのことから「責任を持ち運ぶ＝～を負う」や、「苦痛を持ち運ぶ＝我慢する」という意味でも使われています。

3つのbear

It's a teddy bear.

それはテディ・ベアです

A: Say something!
B: Jim, it's a teddy bear.

A: なんとか言ってくれよ！
B: ジム、それはテディ・ベアです。

I'm a beginner, so please bear with me.

私は初心者なので、我慢してくださいね

A: I'm a beginner, so please bear with me.
B: I know. Don't worry.

A: 私は初心者なので、我慢してくださいね。
B: わかっているよ。気にしなくていいからね。

I cannot bear such a responsibility.

そんな責任を負うことはできません

A: I cannot bear such a responsibility.
B: I'm sorry to hear that.

A: そんな責任を負うことはできません。
B: それは残念です。

04

Cow

名/動[kau　カウ]

ウシ

≫

脅す

≫≫

激怒する

闘牛を観たことのある人なら、cow（牛）が怒っているイメージはすぐに思い浮かぶかもしれません。顔を真っ赤にして激しく怒る様子を表します。その様相から「脅す」=frightenの意味でも使われます。

3つのCOW

This cheese is made from cow's milk.

このチーズは牛乳から作られています

A: This cheese is made from cow's milk.
B: I know.

A: このチーズは牛乳から作られています。
B: 知っています。

She was easily cowed by the bully.

彼女はカンタンにいじめっ子に脅されちゃったの

A: She was easily cowed by the bully.
B: Poor girl.

A: 彼女はカンタンにいじめっ子に脅されちゃったの。
B: かわいそうな子。

Dad had a cow when I came home after midnight.

私が真夜中すぎに帰ってきたら、パパが激怒したの

A: Dad had a cow when I came home after midnight.
B: That's because he loves you!

A: 私が真夜中すぎに帰ってきたら、パパが激怒したの。
B: 愛されてるってことだよ！

05

Dog

名 [dɔːg ダーグ]

イヌ » **不誠実な人** »» **失敗作**

犬は古くから生活の距離感が人間に近く、忠実の象徴とされてきましたが、その反面どこにでもいる他愛もない動物という印象が蔑視のイメージを生み、「不誠実」「失敗作」という意味でも使われるようになりました。

3つのdog

What kind of dog do you have?

どんな犬を飼っていますか？

A: What kind of dog do you have?
B : I have a poodle.

A: どんな犬を飼っていますか？
B: プードルを飼っていますよ。

Don't be such a lazy dog!

怠けてないで！

A: Don't be such a lazy dog!
B : Leave me alone.

A: 怠けてないで！
B: ほっといてよ。

It was a dog of a report.

その報告書は失敗作だったよ

A: It was a dog of a report.
B : I will shred it.

A: その報告書は失敗作だったよ。
B: シュレッダーにかけておくよ。

06

Elephant

名 [éləfənt　エレファント]

beginner

ゾウ

»

intermediate

幻覚
(pink〜)

»»

advanced

無用の長物
(white〜)

解説

動物の中でも大きいことの象徴であるelephant（象）が意外な意味で使われていますので覚えておきましょう。pinkをともなって「幻覚」、whiteをともなって「無用の長物」です。

3つの elephant

The elephant won't move an inch.

象が一歩も動こうとしないんだ

A: What happened?
B: The elephant won't move an inch.

A: どうしたの？
B: 象が一歩も動こうとしないんだ。

He's probably seeing pink elephants.

彼はたぶん幻覚を見ているんだよ

A: Look at his face! He's probably seeing pink elephants.
B: He must have had too much to drink.

A: あの顔を見てよ！ 彼はたぶん幻覚を見ているんだよ。
B: 飲みすぎたんでしょ。

It's a white elephant.

無用の長物だね

A: Is the bridge really necessary?
B: It's a white elephant, if you ask me!

A: この橋って本当に必要なの？
B: あえて言うなら、無用の長物だね。

Monkey

名/動［mʌ́ŋki　マンキー］

サル　≫　ふざける　≫　いじる

monkeyは「いたずらっ子」という意味もあります。ふざけたり、何かをいじくり回したり、手に負えないイメージがあり、そんなときに動詞での使い方をよく耳にします。

3つのmonkey

Have you seen the snow monkeys in the hot springs?

温泉の中でニホンザルを見ましたか？

A: Have you seen the snow monkeys in the hot springs?
B: No, not yet.

A: 温泉の中でニホンザルを見ましたか？
B: いいえ、まだです。

Stop monkeying around!

ふざけるのはやめて！

A: Stop monkeying around!
B: Oh, sorry.

A: ふざけるのはやめて！
B: ごめんなさい。

Why are you monkeying with my phone?

どうして私の携帯をいじっているんですか？

A: Why are you monkeying with my phone?
B: Sorry. I thought it was mine.

A: どうして私の携帯をいじっているんですか？
B: すみません。私のだと思ったんです。

08

Fool

名/動 [fuːl　フール]

間抜け »

だます »»

無駄に時間をつぶす

fool（愚か者）のイメージから分かるとおり、「馬鹿にする」→「騙す」という意味で使われることがあります。「（愚か者のようにぐずぐずして）時間を無駄にするな」、と言いたいときにもfoolです。

3つのfool

You think that I am a fool, don't you?

僕のことを間抜けだと思うだろう？

A: You think that I am a fool, don't you?
B: No, you're just in love.

A: 僕のことを間抜けだと思うだろう？
B: いいや。恋に落ちちゃってるんだね。

They tried to fool us but we knew better.

彼らは私たちを騙そうとしたけれど、私たちの方が一枚上手でした

A: They tried to fool us but we knew better.
B: That's great.

A: 彼らは私たちを騙そうとしたけれど、私たちの方が一枚上手でした。
B: さすがです。

The boss scolded us for having fooled away our time.

上司は無駄に時間をつぶしたと言って私たちを叱りました

A: The boss scolded us for having fooled away our time.
B: Don't worry about it too much.

A: 上司は無駄に時間をつぶしたと言って私たちを叱りました。
B: 気にしすぎないで。

09

Cast

名/動 [kæst　キャスト]

beginner
役者

»

intermediate
ギプス

»»

advanced
投げる

castはキャストでおなじみ、「役者」を示しますが、「～に（票）を投じる」という意味があり、それが「(劇の）配役を決める」に発展し、そこから「役者」という意味で広く使われるようなりました。英語圏ではギプスをcastと言いますので知っておきましょう。

3つのcast

Did you know he was cast in the latest movie?

彼が最新の映画の出演者だったって知ってた？

A: Did you know he was cast in the latest movie?
B : I didn’t know that.

A: 彼が最新の映画の出演者だったって知ってた？
B: 知らなかった。

I’m wearing a cast under my long-sleeved shirt.

長袖シャツの下でギプスをしているんです

A: Your arm looks swollen.
B : I’m wearing a cast under my long-sleeved shirt.

A: あなたの腕、膨れているようだけれど。
B: 長袖シャツの下でギプスをしているんです。

Cast your fears aside!

恐怖を投げ捨てろ！

A: Cast your fears aside!
B : I can’t. You’re twisting my arm.

A: 恐怖を投げ捨てろ！
B: ムリです。無茶なこと言わないでください。

10

Kid

名/動[kid　キッド]

Wow!
Are you kidding me?

beginner
子ども

»

intermediate
からかう

解説

元来、kidは子ヤギを表しましたが、口語的に人間の子ども（child）にも使うようになりました。You are kidding me!（子供みたいに馬鹿にしないで！）という表現のとおり、「からかう」という意味でも日常的に使われます。

This is for your kid.

これはあなたのお子さんへ

A: This is for your kid.
B: Oh, thanks!

A: これはあなたのお子さんへ。
B: あら、ありがとう！

You're kidding me.

ふざけないでよ

A: I saw a ghost there.
B: You're kidding me.

A: そこで幽霊をみました。
B: ふざけないでよ。

一緒に覚えよう

- **No kidding!** 冗談でしょう！

No kidding! I can't believe it.
冗談でしょう！信じられません。

- **kidnap** 動 さらう、誘拐する

They kidnapped Jim's daughter.
彼らはジムの娘を誘拐しました。

11

Fan

名/動 [fæn　ファン]

beginner
応援者 》

intermediate
送風機 》》

advanced
感情をあおる

解説

fanとは実はfanatic（狂言者）という単語を略したことが由来です。狂おしいほどの信奉者を略すことで、少しレベルを緩めた感じです。崇める対象を扇動することから、「送風機」「扇風機」の意味も持ち、それは人の感情をも「あおる」場合に使われるようになりました。

I'm a big fan of that soccer team.

私は、あのサッカーチームの熱心なファンなんです

A: Why do you look so happy?
B : I'm a big fan of that soccer team.

A: どうしてそんなにうれしそうなの？
B: 私は、あのサッカーチームの熱心なファンなんです。

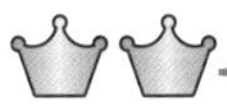

How do I fix a noisy ceiling fan?

どうやって天井の送風機の騒音を直せばいいの？

A: How do I fix a noisy ceiling fan?
B : I have a good idea.

A: どうやって天井の送風機の騒音を直せばいいの？
B: いいアイディアがあるよ。

If you tell him the truth, you'll fan the fire.

もしあなたが彼に本当のことを言ったら、感情をあおることになるでしょう

A: If you tell him the truth, you'll fan the fire.
B : Well, then what should I do?

A: もしあなたが彼に本当のことを言ったら、感情をあおることになるでしょう。
B: だとしたら、どうしたらいいだろう？

12

Rich

名/形 [ritʃ　リッチ]

beginner
お金持ち »

intermediate
濃い »»

advanced
豊富

リッチはお金のイメージが先行しますが、もともとは「恵まれた」「潤沢な」「豊富」のように何かがたっぷりあるイメージを描ければ、さまざまなシチュエーションで使えるようになるでしょう。色の「濃さ」もrichで示すことができます。

3つのrich

How I want to be rich!

どれだけ私がお金持ちになりたいと願っていることか！

A: How I want to be rich!
B: Calm down.

A: どれだけ私がお金持ちになりたいと願っていることか！
B: 落ち着いて。

This chocolate cake is moist and rich.

このチョコレートケーキはしっとりとして濃厚です

A: This chocolate cake is moist and rich.
B: It's delicious, isn't it?

A: このチョコレートケーキはしっとりとして濃厚です。
B: おいしいってことですね。

You have a rich vocabulary.

あなたは語彙が豊富ですね

A: You have a rich vocabulary.
B: You flatter me.

A: あなたは語彙が豊富ですね。
B: お世辞でもうれしいです。

column

発音も複数ある単語があります。

たとえば potato。カタカナの日本語と同じように「ポテト」と発音する人もいれば、「ポテイトゥ」と発音する人もいます。どちらも正解です。tomato も同様に「トマト」と発音する人もいれば、「トメイトゥ」と発音する人がいます。どちらも正解です。皆さんはこうした異なる発音を巡ってカップルが言い争いをする有名な曲をご存じでしょうか。タイトルは『Let's Call The Whole Thing Off』。映画『Shall We Dance?』でも出てきた曲です。

あのジャズの名手エラ・フィッツジェラルドとルイ・アームストロングもデュエットしてレコードを出しています。まだ聞いたことのない人はぜひ CD や YouTube などで聞いてみてください。ストーリーのある、楽しいジャズソングです。カップルの言い争いは最後にはどうなるのか。ぜひ聞いてください！

Chapter 2

場所・時間・出来事

Dateのさらに広がる
3つの意味を開拓しよう！

13

Top

名/動 [tap　タップ]

beginner
上

»

intermediate
超える

解説

ランキングのトップ10でもおなじみtopは「上」が根幹を成す意味です。たいていのドリンクのボトルにはtop（上）にフタがついていますので、「フタ」をも意味するようになりました。とりわけビジネスでは「～を超える」という意味で使うことが多いです。

It's on the top shelf.

それは上の棚だよ

A: It's on the top shelf.
B : OK.

A: それは上の棚だよ。
B: オーケー。

Nobody can top his world record.

誰も彼の世界記録を超えることはできません

A: Nobody can top his world record.
B : I believe you.

A: 誰も彼の世界記録を超えることはできません。
B: もっともです。

一緒に覚えよう

● **from top to bottom** 頭のてっぺんから足のつま先まで

I have searched the office from top to bottom.
事務所をすっかり探しました。

● **bottle top** ビンのフタ

Could you open this bottle top?
このビンのふたを開けてくれませんか？

14

Date

名 [deit　デイト]

Excuse me.
What's the date?

beginner
日付

»

intermediate
約束

»»

advanced
時代遅れ

解説

日付を表すdateであることから、「約束」の日時を取り付ける意味は想像しやすいでしょう。また古い日付をさかのぼる際にも使われる語であることから、「時代遅れ」「古臭い」というニュアンスで使うことも多いです。out of dateで、時代遅れの、旧式の、という意味になります。

3つのdate

Excuse me, what's the date?

すみません、何日ですって？

A: Excuse me, what's the date?
B: It's October 11.

A: すみません、何日ですって？
B:10 月 11 日です。

I have a date that day.

その日には約束があります

A: I have a date that day.
B: OK. How about Wednesday?

A: その日には約束があります。
B: じゃあ水曜日はどう？

My mother's view is out of date.

母の考えは時代遅れなんです

A: My mother's view is out of date.
B: You're not alone!

A: 母の考えは時代遅れなんです。
B: ひとりじゃないよ！

15

Address

名/動 [ədrés　アドゥ**レ**ス]
[ǽdres　**ア**ドゥレス] ※どちらも可

住所

演説する

advanced

取り組む

adは「～の方へ」、dressは「差し向ける」という語源があり、addressは「宛先」「住所」という意味を持ちます。これを少しひねって「言葉を大衆に向ける→演説する」、「やるべきことに気持ちを向ける→取り組む」という意味でも使われます。共通するのは向かっていくイメージです。

Let's exchange addresses.

住所を交換しよう

A: Let's exchange addresses.

B: That's good. Let me give you my card.

A: 住所を交換しよう。

B: いいですね。私の名刺を渡しますね。

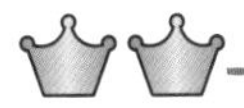

I was so nervous addressing such a big group!

あんなに大きなグループに向かって演説するなんて、とても緊張しました！

A: I was so nervous addressing such a big group!

B: I know. But you did it!

A: あんなに大きなグループに向かって演説するなんて、とても緊張しました！

B: わかるよ。けれどもやったね！

She was the first team leader to really address our issues.

彼女は我々が抱える問題に本気で取り組んでくれた初代チームリーダーです

A: She was the first team leader to really address our issues.

B: Thank you for the reference.

A: 彼女は我々が抱える問題に本気で取り組んでくれた初代チームリーダーです。

B: ご紹介ありがとうございます。

16

Floor

名/動[flɔːr フロー(ァ)]

beginner

床

»

intermediate

〜を驚かせる

»»

advanced

発言権

解説

floorは「床」。何かで取っ組み合いになり、相手を床に打ち倒すことから、動詞で「〜を参らせる」「閉口させる」という意味として使われるようになりました。そうして相手を黙らせた自分は、つまり「発言権」を得たことになりますね。覚えやすいでしょ♪

3つのfloor

The dark wooden floor is nice.

しぶめの木の床がいい感じだね

A: The dark wooden floor is nice.
B: I thought you would like it.

A: しぶめの木の床がいい感じだね。
B: あなたは好きだろうって思ってたよ。

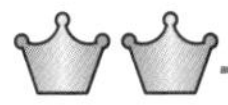

I was floored and I am still stunned at the news.

そのニュースには仰天したし、まだびっくりしています

A: I was floored and I am still stunned at the news.
B: Me, too.

A: そのニュースには仰天したし、まだびっくりしています。
B: 私もです。

Chairman, may I have the floor?

議長、発言してもよろしいでしょうか？

A: Chairman, may I have the floor?
B: Sure. Go ahead.

A: 議長、発言してもよろしいでしょうか？
B: どうぞ。お話しください。

17

Time

名 [taim　タイム]

時間 ≫

掛ける ⋙

advanced

景気／時代

時を表すtime。この単語は three times a day（日に3 回）、ten times as large as ～（～の10倍も大きい）といったように「回数」「倍数」を表すときにもよく使われます。また、the good old times（あのときはよかった）という感じで「時代」を表すことも多いです。

Do you have the time?

いま何時ですか？

A: Do you have the time?
B: It's 2 o'clock.

A: いま何時ですか？
B: 2時です。

This PC is three times cheaper than that one.

このパソコンはあっちのものより 3 倍安いです。

A: This PC is three times cheaper than that one.
B: Look! It's on sale now.

A: このパソコンはあっちのものより 3 倍安いです。
B: 見て！今、セール中なんだね。

Get with the times!

時代に追いついて！

A: You're still using a fax machine?
B: Seriously? Get with the times!

A: あなたまだファックスなんて使ってるの？
B: マジ？ 時代に追いついて！

18

Park

名/動[pɑːrk　パーク]

beginner
公園

»

intermediate
駐車する

»»

advanced
預ける

解説

「公園」でおなじみのpark。パーキングエリアという言葉も日本で浸透していますので、「駐車場」を意味することは楽に想像がつきます。「駐車する」と動詞で使うことも多いです。駐車場に車を預けて置くことから、何かを「預ける」「置いておく」の意味でもよく使われます。

3つのpark

It's a nice day for a picnic in the park.

公園でピクニックするには最高の日です

A: Beautiful day, isn't it?
B: Yes, it is. It's a nice day for a picnic in the park.

A: すばらしい日ですね。
B: そうですね。公園でピクニックするには最高の日です。

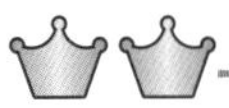

Do you mind my parking here?

ここに駐車してもいいでしょうか？

A: Do you mind my parking here?
B: No problem.

A: ここに駐車してもいいでしょうか？
B: いいですよ。

I parked my kid with neighbors.

お隣さんに子どもを預かってもらいました

A: How was the online meeting?
B: Good, I parked my kid with neighbors.

A: オンライン会議はどうでしたか？
B: よかったです。お隣さんに子どもを預かってもらいました。

19

School

名 [skuːl スクール]

beginner
学校

intermediate
（魚の）群れ

advanced
流派

解説

schoolには「魚の群れ」という意味がありますので注意しましょう。school of fishは「魚の学校」ではありません。「魚の群れ」です。また、学問や武道の「流派」という意味でもたいへんよく使われますので覚えておきましょう。

3つのschool

I'm attending the Patter School of Magic.

私はパッター魔法学校に通っています

A: I heard you're studying magic.
B: Yes, I'm attending the Patter School of Magic.

A: あなたが魔術を勉強しているって聞いたんだけれど。
B: はい。私はパッター魔法学校に通っています。

Did you see many schools of fish?

たくさんの魚の群れを見ましたか？

A: I went diving this summer.
B: Did you see many schools of fish?

A: 今年の夏ダイビングに行きました。
B: たくさんの魚の群れを見ましたか？

I studied the Agasawara school of etiquette.

私はアガサワラ流のマナーを学びました

A: I studied the Agasawara school of etiquette.
B: What's that?

A: 私はアガサワラ流のマナーを学びました。
B: 何それ？

20

Pool

名/動[pu:l　プール]

beginner
プール

intermediate
ビリヤード

advanced
共同で～する

poolは「水たまり」から水泳用の「プール」まで、広く水溜めを示す語です。その溜めるというイメージから複数の人が箱状の玉突きゲームに賭け金を投げ込むイメージにつながり「ビリヤード」、また共同で出資、負担するという「共同出資」のイメージにもつながります。

3つのpool

Have you been to the new pool?

新しいプールに行った？

A: Have you been to the new pool? It's huge!
B: Not yet. I will go soon.

A: 新しいプールに行った？ とても大きいんだよ！
B: まだだよ。すぐに行かなくちゃ。

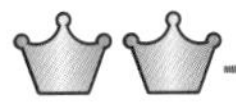

Let's go shoot some pool tonight.

今夜ビリヤードしようよ

A: Let's go shoot some pool tonight.
B: Sorry, but I have plans.

A: 今夜ビリヤードしようよ。
B: ごめん、予定があるんだ。

We pooled our resources.

私たちは資源を共同出資しました

A: How could you afford it?
B: We pooled our resources.

A: どうやってなんとかしたの？
B: 私たちは資源を共同出資しました。

21

Ground

名/動[graund　グ**ラウ**ンド]

beginner
地べた
»
intermediate
挽いた
»»
advanced
根拠

解説

グラウンドは野球場のように目的のために区切られた場所・用地を意味しますが、そこから「下地」→「コーヒーかす（＝挽かれた豆）」という意味でも使われます。また「下地」というイメージは何かを説明するための「根拠」としても用いることが多いです。

Why is the ground wet?

どうしてグラウンドが濡れているの？

A: Why is the ground wet?
B: Because it rained last night.

A: どうしてグラウンドが濡れているの？
B: 昨夜雨が降ったからですね。

High-quality ground beef was on sale today.

高品質のひき肉が今日、セールでした

A: High-quality ground beef was on sale today.
B: At the supermarket by the station?

A: 高品質のひき肉が今日、セールでした。
B: 駅のそばのスーパーマーケットで？

There are many grounds for suspicion.

容疑について多くの根拠があるんです

A: Do you have confidence?
B: Yes, there are many grounds for suspicion.

A: 自信はありますか？
B: ええ、容疑について多くの根拠があるんです。

22

Party

名 [pɑ́ːrti パーティー]

beginner

パーティー

»

intermediate

政党

»

advanced

御一行

社交上の集まりを示すパーティーはおなじみですが、同じように「集まり」というキーワードから政治の「派閥」「政党」を表します。また、客としての「御一行」を表すこともできます。

How was the party last Friday?

先週金曜日のパーティーはどうだった？

A: How was the party last Friday?
B: It was awesome. You should have come.

A: 先週金曜日のパーティーはどうだった？
B: 最高だったよ。来ればよかったのに。

We are an independent party.

私たちは無所属です

A: Do you support liberal parties or conservative ones?
B: We are an independent party.

A: あなたは自由派？ それとも保守派？
B: 私たちは無所属です。

How many people in your party, sir?

何名様の御一行でしょうか？

A: How many people in your party, sir?
B: Five people.

A: 何名様の御一行でしょうか？
B:5 名です。

column

皆さんは date が好きですか？

date といっても、カップルでどこかに出かける date（デート）ではありません。甘くて、焦げ茶色で、たまご型の…。さて何でしょう？ 乾燥させて食べることもできます。チッチッチッチッチッチ。正解は中東でよく食べられているフルーツのナツメです。大きさは乾燥プルーンと同じくらいで、日本では誰かのお宅におじゃますると緑茶が出てきますが、中東ではなんとこのフルーツの date がいつも出てくるんです。食べ物としての date も、ロマンティックなデートとしての date も、私の大好きな単語です。ほとんどの英単語には複数の意味があります。また、意味によって使い方も一つではありません。たった一つの単語を色々なシチュエーションで使い分ける用法をあらかじめ知っておけば、手軽に表現の幅を広げることができるのです。

Chapter 3

色・音・形

Sound は「音」。
では、Sounds good. はどんな意味？
使いどころ満載な
色・音・形の意味を新発見！

23

Black

名 [blæk　ブラック]

beginner

黒

»

intermediate

利益が出る

black（黒）にはその色からして険悪なイメージがつきものなのですが、経済用語としては明るいものばかりです。書かれたものを黒で覆い隠し、「秘密」にするというイメージ。そこから収支が「黒字」になるという意味で使われます。

2つのblack

Wearing black in the summer makes you hot.

夏に黒い服を着ていると、暑苦しいよ

A: Wearing black in the summer makes you hot.
B: You can say that again.

A: 夏に黒い服を着ていると、暑苦しいよ。
B: たしかにあなたの言う通りです。

I'm happy to report our company is in the black again.

わが社が黒字回復したことを喜んでお知らせいたします

A: I'm happy to report our company is in the black again.
B: We're relieved.

A: わが社が黒字回復したことを喜んでお知らせいたします。
B: ほっとしたよ。

一緒に覚えよう

- **Black Friday** ブラックフライデー

Soon it will be Black Friday.
もうすぐブラックフライデーだね。
(※ブラックフライデーは11月の第4木曜の翌日にあたるセールの日のこと)

- **blackmail** 名 ゆすり　動 恐喝する

She was arrested on a charge of blackmail.
彼女はゆすりの罪で逮捕されました。

24

Gold

名 [gould　ゴウルド]

金

»

尊い

»»

たくさん売れる

オリンピックの金メダルでもイメージできる通り、gold（金）を使って、「（黄金のように）尊い」ことを表現することがよくあります。ビジネスの世界ではベストセラーもgoldで表すことがあります。

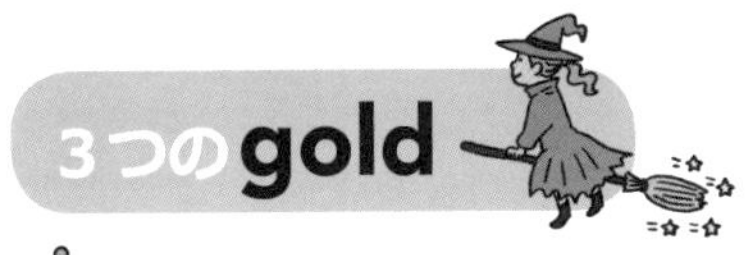

3つのgold

It's made from 24-karat gold.

24 金で作られています

A: It's made from 24-karat gold.
B : It looks gorgeous.

A:24 金で作られています。
B: 見事ですね。

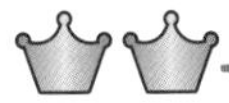

He has a heart of gold!

彼って優しいんですね！

A: David was there when I needed him the most.
B : He has a heart of gold!

A: デイビットは私が最も彼を必要としていた時に、そこにいてくれました。
B: 彼って優しいんですね！

Our album hit gold!

私たちのアルバムが大ヒットになったよ！

A: Our album hit gold!
B : Wow! Congratulations!

A: 私たちのアルバムが大ヒットになったよ！
B: なんと！おめでとう！

25

Pink

名 [piŋk　ピンク]

beginner

桃色

»

intermediate

とてもよい状態

in the pinkで「とてもよい状態で（健康で）」という意味で使われます。日本語ではピンクはエロチックな意味合いで使うことがありますが、英語では「若さ」「健康」の象徴なのです。

These pink carnations are lovely!

これらピンクのカーネーションは可愛らしいわ！

A: These pink carnations are lovely!
B: I'm glad you like them.

A: これらピンクのカーネーションは可愛らしいわ！
B: あなたが好きならよかった。

She's in the pink of health now.

彼女はいまとても元気です

A: How is your grandmother?
B: She's in the pink of health now. Thanks.

A: あなたのおばあさんの具合はどうですか？
B: 彼女はいまとても元気です。ありがとう。

一緒に覚えよう

● **pink slip** クビ

They all got pink slips.
彼らはクビになりました。

（！）アメリカでよく使われる表現です。解雇通知の紙がピンク色であることに由来します。３枚複写になっていて、クビになった社員に渡されるのがピンク色だからです。

● **pinky** 名 小指《米》

I like your pinky ring.
小指の指輪がすてきですね。

26

Tap

名/動[tæp　タップ]

コツコツという音 » **軽くたたく** »» **指名する（活用する）**

tapのコアなイメージは「軽くたたく」です。スマートフォンやタブレットの、トン、とたたく操作をタップと言いますね。上司に肩をトントンとたたかれ、仕事を任されるイメージから、「～を指名する、活用する」という意味でもよく使われます。

The dripping tap kept me awake all night!

滴が落ちる音で一晩中目が覚めていたよ！

A: You look sleepy today.
B: The dripping tap kept me awake all night!

A: 今日は眠そうね。
B: 滴が落ちる音で一晩中目が覚めていたよ！

Please tap the touch panel to start.

始めるにはタッチパネルを軽くたたいてください

A: Could you tell me how to use this machine?
B: Sure. Please tap the touch panel to start.

A: この機械の使い方を教えていただけませんか？
B: いいですよ。始めるにはタッチパネルを軽くたたいてください。

We can tap some new resources while we're there.

そこにいる間、私たちは新しい資源を活用できます

A: We can tap some new resources while we're there.
B: That sounds good.

A: そこにいる間、私たちは新しい資源を活用できます。
B: それはいいですね。

27

Sound

名 [saund　**サウ**ンド]

音 » **十分な** »» **理にかなった**

soundと言えばサウンド（音）。Sounds good!（それいいね！）という表現からも分かるように、良い知らせというニュアンスを含み、sound sleep（ぐっすり眠る）、sound fruit（いたんでいない果物）のように「十分な」「しっかりした」「理にかなった」という意味も持ちます。

What's that ringing sound?

何の音が鳴っているのかしら？

A: What's that ringing sound?
B: It might be the doorbell.

A: 何の音が鳴っているのかしら？
B: ドアベルじゃないかな。

I didn't hear your phone call because I was sound asleep.

熟睡していたので、着信に気づきませんでした

A: Sorry. I didn't hear your phone call because I was sound asleep.
B: I was worried about you.

A: ごめんなさい。熟睡していたので、着信に気づきませんでした。
B: 心配したよ。

His reasoning is always sound.

彼はいつも理にかなっている

A: His reasoning is always sound.
B: Yeah. He is an intelligent person.

A: 彼はいつも理にかなっている。
B: ええ、彼は知的な人ですね。

28

Line

名 [lain ライン]

線  **セリフ** »» **職業**

line のコアなイメージは「線」ですが、そのほか芝居などの台本に書かれた文字列を読むことから「セリフ」という意味もあります。また、line of business（職業の系統）を line に略して「職業」の意味でも使われています。

3つのline

He's on another line.

彼は他の電話（線）に出ています

A: He's on another line.
B : I'll get back to you.

A: 彼は他の電話（線）に出ています。
B: 折り返します。

That's my line.

こちらこそです（こちらのセリフです）

A: I'm really glad to meet you.
B : That's my line.

A: 私はあなたにとても会いたかったんです。
B: こちらこそです。（こちらのセリフです）

What line of work are you in?

どんな職業にあなたはついていますか？

A: What line of work are you in?
B : Statistics is in my line.

A: どんな職業にあなたはついていますか？
B: 統計学は私の専門です。

column

Green eyed monsterを知っていますか？

Green eyed monster、それぞれの意味を合わせると「緑の目をした怪物」という言葉になりますが、この一語で「嫉妬」「ねたみ」という意味になります。もとは、シェイクスピアの『オセロ』の一節から来た言葉です。こうした色で感情を表す単語をいくつか習ってきましたが、覚えているでしょうか？

Pink は「健康」、Black は「秘密」、Gold は「尊さ」でしたね。

他にも、blue は「憂鬱」という意味で I'm feeling blue.「落ち込んでいます」と言いますし、red は「怒り」「恥ずかしさ」を意味して、She turned red with anger.「彼女は怒りで顔が赤くなった」と使ったりします。色を表す英単語には、それぞれの持つイメージがあるんですね。

Chapter 4

モノ①
持ち物・服

We are fully booked. の
bookはどんな意味？
会話頻出のモノを表す
単語の意味をさらに深掘り！

29

Box

名/動 [baks　**バッ**クス]

beginner

箱

»

intermediate

追い詰める

おなじみのboxも「箱」だけしか使えないなんて、もったいないです。「四角形」をしたものを表すときにも使えますし、箱の中に「追い詰める」という意味でも使えます。

What is this box?

この箱はなに？

A: What is this box?
B: Open it!

A: この箱はなに？
B: 開けてみて！

I'm in a box and I don't know what I can do.

追い詰められていて、何ができるのかがわからないです

A: I'm in a box and I don't know what I can do.
B: Calm down. Take a deep breath.

A: 追い詰められていて、何ができるのかがわからないです。
B: 落ち着いて、深呼吸して。

一緒に覚えよう

● **Life is like a box of chocolates.**

人生はチョコレートの箱のようなものだ。

映画『フォレスト・ガンプ』でフォレストの母が言った名セリフです。アメリカのチョコレートは中身にどんなチョコが入っているのか開けてみるまで分からないのが普通です。何が起こるのか分からない、それが人生で、それを楽しめる人間になりなさいという親心が込められています。

30

Skirt

名/動 [skəːrt　ス**カ**ート]

beginner

スカート

intermediate

避ける

解説

skirtは「洋服のスカート」のことです。デートで喧嘩をして、女の子の方がプイッとあっちを向いてしまうところを想像してみてください。スカートがひるがえり、ふわりと広がります。その広がりが「周り」という意味になり、プイッとそっぽ向くことが「避ける」という意味につながります。

を身につけよう！

「ネイティブが1番よく使う」シリーズ！

1. 英語ネイティブが日常生活で本当によく使う会話表現や単語、英文法が学べる！
2. 初級者から上級者まで、だれでも学べる！

ネイティブが1番よく使う英会話 一日まるごとミニフレーズ500

山崎祐一 著／四六変型／本体1300円+税

家族との会話から、食事、仕事、パーティーまで—ネイティブ厳選の500フレーズを収録した日常会話フレーズの決定版。

特長

1. ネイティブが日常生活で最も使う、シンプルでナチュラルなフレーズのみを収録！
2. すべてのフレーズに、使い方や類似表現に関する解説つき！

ネイティブが会話で1番よく使う英単語 中学英単語100

山崎祐一 著／四六変型／本体1300円+税

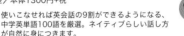

使いこなせれば英会話の9割ができるようになる、中学英単語100語を厳選。ネイティブらしい話し方が自然に身につきます。

特長

1. ネイティブスピーカーが1番よく使う英単語100を用法とともに学べる
2. 日常会話でそのまま使える460のショートフレーズを例文として収録！

ネイティブが会話で1番よく使う英文法

山崎祐一 著／四六変型／本体1300円+税

ネイティブの発想で、英文法の知識を英会話力に転換する画期的な1冊。英文法公式50を使えば、英会話フレーズ450が自在に操れます。

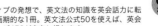

特長

1. ネイティブが生活でよく使う50項目の英文法を収録。ネイティブらしい文で英語が話せるようになる！
2. ショートフレーズの450例文は、英会話でそのまま使えるものばかり！

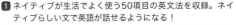

英語力がみるみるUPする「知

シリーズの特長

1. 10日間から12日間でできる短期集中型の英語学習プログラムつき！
2. 超入門者を対象としたシリーズ！　大きい文字とイラストでわかりやすく学べる。

英会話
12日間完成

短期完成！ すぐに使える英会話 超入門

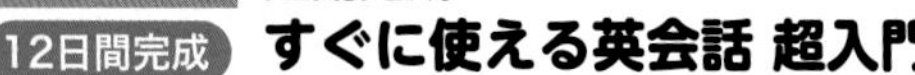

妻鳥千鶴子 著／A5判／本体1000円+税

本書を使って「よく使う」「大切な」フレーズから順に学べるので、即・使える英会話力が身につく！　英語ルールのおさらいと音読トレーニングのインプット学習と、日本語を見て英語で「言う」・「書く」のアウトプット学習でみるみる実力UP！

特長

1. たった12日で英会話のいちばん大切なエッセンスが身につく！
2. 難しい言葉を使わない文法解説で、会話に超重要な英語のルールがだれでも理解できる！

リスニング
12日間完成

短期完成！ 英語リスニング 超入門

CD付　音声DL付　アプリ付

妻鳥千鶴子 著／A5判／本体1400円+税

リスニング入門者向けの一冊。リスニングが苦手な日本人がまず克服していきたい「子音の発音」と「変化する音」を中心に、英語独特の音について、ていねいかつ効率的に学べます。英語の音声（現象）についてまず理解したあと、語句・フレーズの音読で定着を図ります。

特長

1. たった12日で日本人が苦手な英語独特の音と音の変化がわかるようになる！
2. 学習ステップが「単語・語句」→「英文」の順番なので、初級者でも無理なく学べる！

期完成」シリーズ！

3 聞く・読む練習だけではなく、話す・書くトレーニングも合わせて行うので、短期間でも効率よく英語力が伸ばせる！

4 英会話・リスニング・英文法と自分のやりたい分野から学べる！

英会話
10日間完成

短期完成！ ああ言えば即こう言う英会話 10日間100本ノック!!

妻鳥千鶴子 著／A5判／本体1000円+税

「英語で話しかけられるようになったのに、なぜか会話が続かない…」という悩みを解決！　「イエスorノー」や「いつ？どこ？」といった質問から、確認や同意を求める疑問文まで、会話で頻出する質問に3秒で答えられるようになります。

特長

1 英語の質問に素早く答える「3秒エクササイズ」で、英会話の即答力が身につく！

2 音読→書き取り→会話レスポンスと段階を踏んだ学習法なので、初級者でも無理なくできる！

英文法
10日間完成

短期完成！ 目・耳・口・手をフル活用！ 英文法の基礎 超入門

妻鳥千鶴子 著／A5判／本体1000円+税

英会話・リスニングに必要となる英文法の土台を10日間できちんと作れます。また、音読や英作文のエクササイズも同時に行えるので、文法の知識が定着するだけではなく、「会話にもすぐに使える」実践的な文法力が身につきます。

特長

1 英会話に必須の文法ルール51を10日間で徹底的に学べる！

2 文法ルール理解→音読→英作文　のトータルエクササイズで、アウトプット力も身につく！

自然な英語表現

「ネイティブ厳選」シリーズ！

1. アメリカ人の英語教師が作成した、
ネイティブがよく使う自然な英文だけを収録！
2. とことんネイティブと話し合って
厳選された、質の高い頻出表現が学べる！

新装版ネイティブ厳選
必ず使える英会話まる覚え
スーパーダイアローグ300

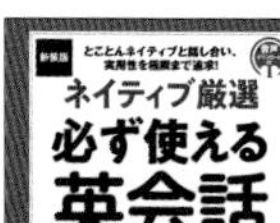

宮野智靖 ジョセフ・ルリアス 共著／四六判／本体1200円+税

実売10万部の英会話書がパワーアップして帰ってきた！　通学・通勤中でも使いやすい四六判サイズ。ネイティブ厳選の頻出語いを実践的な英会話を身につけられます。

特長

1. あいさつ、買い物、旅行から日本紹介まで全30シーンで構成！
2. ネイティブの日常生活で最もよく起こる会話例を想定し、300のダイアローグを収録！
3. ダイアローグの中で英語表現を学べるので、フレーズを会話で使いこなす力が身につく！

新装版ネイティブ厳選
気持ちを伝える英会話まる覚え
ダイアローグで覚える376

宮野智靖 監修／森川美貴子 ジョセフ・ルリアス 共著／四六判／本体1200円+税

ネイティブが厳選した「自分の気持ちが確実に伝わる」英語表現を376のダイアログの中で学べる。相手の心に届く英会話ができるようになります。

特長

1. 賛成・反対、感謝・謝罪、お祝い・お悔やみなど89のテーマで会話例を収録！
2. 376のダイアローグを学べるので、細やかな感情や意思を伝える力が身につく！

2つのskirt

You look good in a flared, A-line skirt.

フレアのAラインのスカートがよく似合いますね

A: You look good in a flared, A-line skirt.
B: Thanks, and I like your shoes.

A: フレアのAラインのスカートがよく似合いますね。
B: ありがとう。あなたの靴もいいね。

The politician skirted the question again.

その政治家は再度、質問を避けました

A: The politician skirted the question again.
B: We can't trust him.

A: その政治家は再度、質問を避けました。
B: 信用できないね。

一緒に覚えよう

● **on the skirts of town**

町のはずれ（郊外）に（ = outskirts of town）

The bar is on the skirts of town.
そのバーは町のはずれにあります。

31

Closet

名［klɑzit　ク**ロー**ズィット］

クローゼット  **秘密**

衣類をしまう物置や戸棚としてのcloset（クローゼット）は、「秘密の」という意味も持ちます。とはいえ、悪事や不正を秘密にする、というよりは「自分自身の秘密」という意味合いで使います。日本でも「カミングアウト」と言ったりしますね。どこからカミングアウトするかというと、クローゼットの中からなのです。

2つのcloset

I need to clean out my closet.

クローゼットを掃除しなくちゃいけないんだ

A: Why don't we go somewhere?

B: Thanks, maybe a little later. I need to clean out my closet.

A: どこかに行かない？

B: ありがとう。ちょっと待ってね。クローゼットを掃除しなくちゃいけないんだ。

I heard he was still in the closet.

彼はまだ秘密にしていると聞いたんだけど

A: I heard he was still in the closet.

B: Yeah, but he will tell his mother eventually.

A: 彼はまだ秘密にしていると聞いたんだけど。

B: うん、でも彼はお母さんにそのうち言うだろうよ。

一緒に覚えよう

● **out of the closet** カムアウトする

I heard he came out of the closet.

彼がゲイだと告白したと聞きました。

Novel

名/形 [nάvəl　ノーベル]

beginner

小説

»

intermediate

新型の

小説のことを、英語ではnovelと言いますね。もともと、novelには新しい、奇抜なという意味があります。ちなみに、novelは長編小説のことを指し、短編小説はshort storyと言います。

That's a very long novel!

それってとても長い小説でしょ！

A: Have you read "*War and Peace*"?
B: No, not yet. That's a very long novel!

A:『戦争と平和』を読んだことがある？
B: いいえ、まだです。それってとても長い小説でしょ！

That's a novel theory.

それは新説ですね

A: The cause is chocolate.
B: Chocolate? That's a novel theory.

A: 原因はチョコレートです。
B: チョコレート？それは新説ですね。

一緒に覚えよう

● **novelty** 名 真新しさ、（安いオモチャの）商品

The store sells gifts and other novelties.
店は贈り物やその他の安い玩具を売っている。

33

Book

名/動[buk ブック]

本 »

帳簿 »»

予約する

bookは「本」のほかに「帳簿」「会計簿」を表します。そのことから「帳簿をつける＝予約を受ける」→「予約する」という動詞として、たいへんよく使われます。be booked up「（ホテルなどが）予約でいっぱい」という意味です。

3つのbook

I'm going to buy a new bookshelf.

新しい本棚を買うつもりだよ

A: What are you going to do this weekend?

B: I'm going to buy a new bookshelf.

A: 今週末の予定は？

B: 新しい本棚を買うつもりだよ。

I don't see his name on the books.

帳簿に彼の名前が見当たりません

A: I don't see his name on the books.

B: I don't know why.

A: 帳簿に彼の名前が見当たりません。

B: どうしてかわかりません。

I'm sorry, but we are fully booked now.

すみません、ただいま予約でいっぱいです

A: Good evening. Do you have a table for three?

B: I'm sorry, but we are fully booked now.

A: こんばんは。3名なのですが…

B: すみません、ただいま予約でいっぱいです。

34

Bag

名 [bæg　バッグ]

かばん

緩い(もの)

得意なこと

bag（カバン）はその袋状の形から、「たるんだ」もの、「緩い」ものというイメージにつながります。また、自分の中（カバン）には特技を秘めていることから、比喩的に「得意なこと」を表すときに使います。また、buggyで「だぶだぶの」という形容詞も使われます。

What do you think of my new bag?

新しいカバン、どうかな？

A: What do you think of my new bag?
B: It's gorgeous.

A: 新しいカバン、どうかな？
B: すてきね。

My son likes to wear baggy jeans, a hoodie and a baseball cap.

息子はフーディーに野球帽、そしてバギージーンズを履くのが好きなんです

A: My son likes to wear baggy jeans, a hoodie and a baseball cap.
B: Ah, I saw him at the supermarket.

A: 息子はフーディーに野球帽、そしてバギージーンズを履くのが好きなんです。
B: ああ、スーパーマーケットで彼を見かけました。

Karaoke is definitely not my bag!

カラオケは本当に得意じゃないんです！

A: Let's sing together!
B: Sorry. Karaoke is definitely not my bag!

A: 一緒に歌おう！
B: ごめんなさい。カラオケは本当に得意じゃないんです！

Card

名/動 [kɑːrd　カード]

名刺 ≫ 証明書を求める ⋙ ～だろう

トランプのこともcardと言うことから、トランプ占いやタロットが派生し、将来起こりうることをbe in the cards「～だろう」とよく表現します。

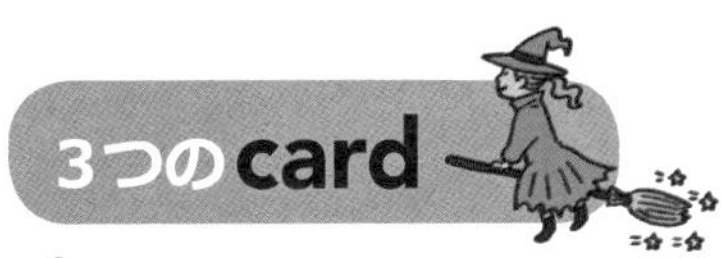

Here's my business card.

私の名刺です

A: Here's my business card.
B: Thank you.

A: 私の名刺です。
B: ありがとうございます。

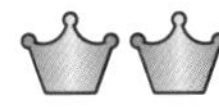

They carded me when I approached the gate.

私が門に近づくと、彼らは身分証の提示を求めました

A: They carded me when I approached the gate.
B: Really?

A: 私が門に近づくと、彼らは身分証の提示を求めました。
B: 本当？

I'm afraid a pay raise isn't in the cards.

残念ながら、給料は上がらないと思います

A: I'm afraid a pay raise isn't in the cards.
B: I'm sorry to hear such terrible news!

A: 残念ながら、給料は上がらないと思います。
B: とても残念なニュースだね！

Stick

名/動 [stik　ス**ティ**ック]

ステッキ ≫

突き刺す ⋙

動けない

stickとは「棒きれ」のことですが、動詞になるとその物体のイメージのとおり、「突き刺す」「動けなくする」という意味で使うことが可能です。

3つのstick

Have you seen Grandma's walking stick?

おばあちゃんの歩行用の杖を見た？

A: Have you seen Grandma's walking stick?
B : I have seen it in her bedroom.

A: おばあちゃんの歩行用の杖を見た？
B: 寝室で見たよ。

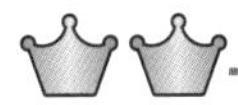

You should use a big nail to stick the hook on the wall.

壁にフックを突き刺すには大きな釘を使うべきです

A: You should use a big nail to stick the hook on the wall.
B : Certainly.

A: 壁にフックを突き刺すには大きな釘を使うべきです。
B: 確かに。

I'm stuck at the airport.

空港から動けません

A: I'm stuck at the airport.
B : We'll pick you up.

A: 空港から動けません。
B: 迎えにいきますよ。

37

Cover

名/動 [kʌ́vər　カヴァ]

beginner
覆うもの

》

intermediate
対象にする

》》

advanced
報道

解説

coverのコアイメージは「覆う」です。そのイメージから、モノだけではなく、保証の範囲（対象）や放送電波の届く範囲（報道する）といった目に見えない物事の内容によく用いられます。覆うことで何かを「隠す」際にも使われます。

3つのcover

The covers were too heavy to sleep comfortably.

その布団が重すぎて、よく眠れませんでした

A: The covers were too heavy to sleep comfortably.
B: Really? Perhaps it's because of the cat.

A: その布団が重すぎて、よく眠れませんでした。
B: 本当？猫のせいかもしれませんよ。

Our new CEO was covered in the latest Time Magazine.

我々の新しいCEOが雑誌TIMEの最新号のカバーを飾りました

A: Our new CEO was covered in the latest Time Magazine.
B: Wow! That's big news!

A: 我々の新しいCEOが雑誌TIMEの最新号のカバーを飾りました。
B: なんと！それはビッグニュースですね！

Did you see the in-depth coverage on NHK?

NHKの詳細な報道を見ましたか？

A: Did you see the in-depth coverage on NHK?
B: No, I did not see it.

A:NHKの詳細な報道を見ましたか？
B: いいえ。見ていません。

38

Note

名/動 [nout　ノウト]

ノート　»　音符　»»　気づく

noteといえば何かを書きとめるもの。たとえば楽譜というnoteは音符が書きとめられたものであり、それが他者に知らされることによって「～に気づく」という意味に。さらに「気づき」を誘う「様子、雰囲気」という意味につながります。

3つのnote

Can I borrow your notes?

ノートを貸してもらってもいい？

A: I was absent yesterday. Can I borrow your notes?
B: Of course. Here you are.

A: 昨日欠席したの。ノートを貸してもらってもいい？
B: もちろん。はい、どうぞ。

My piano teacher kept repeating that I was hitting the wrong notes.

私のピアノの先生は、私が間違った音を弾いていると繰り返したんです

A: You look uncomfortable. Why?
B: My piano teacher kept repeating that I was hitting the wrong notes.

A: 機嫌がよくなさそうですね。どうして？
B: 私のピアノの先生は、私が間違った音を弾いていると繰り返したんです。

I didn't take note of his absence.

彼がいないと気づきませんでした

A: Are you looking for Jim? He is absent today.
B: Oh, really? I didn't take note of his absence.

A: ジムを探しているんですか？彼は今日休みですよ。
B: あ、本当に？彼がいないと気づきませんでした。

Pen

名/動[pen　ペン]

ペン

書く

囲う

penは筆記用具のペンでイメージできるとおり、「書く」という動作も示すことができます。加えて、penalty（罰金）とイメージが重なる「囲い」「檻」という意味があります。これはペンを使って、捕えたい相手を線で囲ってしまうイメージを働かせると覚えられますね。

May I borrow your pen?

ペンを借りてもいいですか？

A: May I borrow your pen?
B: Sure.

A: ペンを借りてもいいですか？
B: どうぞ。

Did he really pen all those novels?

彼は本当にそれらの小説を全て書いたの？

A: I bought his latest novel yesterday.
B: Did he really pen all those novels?

A: 昨日彼の最新の小説を買ったよ。
B: 彼は本当にそれらの小説を全て書いたの？

I've been penned up in my room all day making estimates on my computer.

私はパソコンで見積もりを作りながら、一日中部屋にこもっていました

A: What did you do today?
B: I've been penned up in my room all day making estimates on my computer.

A: 今日はどうしてたの？
B: 私はパソコンで見積もりを作りながら、一日中部屋にこもっていました。

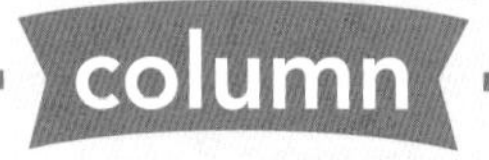

曲者なAir conditioner

日本人と英語圏の人でちょっと混乱してしまうのがair conditionerという単語です。

皆さん、Would you turn up the air conditioner? と言われたら、どうしますか？

Air conditionerをturn upしてほしいと言われたのだから、エアコンの温度は上げますか？それとも下げますか？

…答えは、温度を「下げる」のが正解です。日本では「エアコン」というと、冷房と暖房どちらも指しますが、英語でair conditionerといえば、基本的には冷房のこと。暖房はheaterです。

つまり、冷房の温度を上げる、ということなので部屋の温度は下げたい、とお願いしているんですね。

逆に、寒い時はTurn down the air conditionerが正解！

もし、寒いのにTurn up the air conditionerと言ってしまったら…風邪を引いてしまうかもしれません。

Chapter 5

モノ② 身の回りの物・食べ物

It's a lemon. は
「それはレモンです」だけじゃない!?
Lemon の意外な使い方で
ネイティブとの会話もバッチリ!

40

Plastic

名 [plǽstik　プ**ラス**ティック]

プラスチック

≫

ビニール

≫

クレジットカード

plasticは辞書には載っていない使われ方のほうが多い語です。英語では「ビニール袋」のことをplastic bagといいます。またcredit card（クレジットカード）も簡略化してplasticと呼びます。

3つの plastic

Is that eraser made from plastic?

この消しゴムってプラスチックでできているの？

A: Is that eraser made from plastic?
B: You bet.

A: この消しゴムってプラスチックでできているの？
B: もちろんさ。

You should use a reusable bag instead of a plastic bag.

ビニール袋の代わりにエコバッグを使うべきです

A: You should use a reusable bag instead of a plastic bag.
B: You're right.

A: ビニール袋の代わりにエコバッグを使うべきです。
B: そうだね。

You've got to stop using plastic money like that.

そんなふうにクレジットカードを使うのはよしなよ

A: You've got to stop using plastic money like that.
B: Don't be so worried.

A: そんなふうにクレジットカードを使うのはよしなよ。
B: そんなに心配しないで。

41

Clock

名/動 [klak　クラック]

beginner

掛け時計

»

intermediate

記録する

解説

「時計」という意味だけにとどまらない使える用法がclockにはあります。正確に時が進むことから「走行距離」もこの単語で表すことができます。また、動詞で使われることも多く、時計を見ながらやることから、「時間を測定する」の意味でもよく使われます。

2つのclock

According to that clock, it's 10:30.

あの掛け時計によれば、10 時半だね

A: What time is it now?

B: According to that clock, it's 10:30.

A: 今、何時ですか？

B: あの掛け時計によれば、10 時半だね。※ clock は腕時計以外を指す。

The pitcher's fastball clocks in at 150km per hour.

ピッチャーの速球は時速 150 キロを記録しました

A: The pitcher's fastball clocks in at 150km per hour.

B: Wow!

A: ピッチャーの速球は時速 150 キロを記録しました。

B: なんと！

一緒に覚えよう

- **against the clock** 時間との闘い

I need to finish my homework in 5 minutes so it's a race against the clock.

5分以内に宿題を終わらせなければならない時間との闘いなのです。

- **clock up** 勤め上げる

Dad clocked up 40 years at that company.

父さんはその会社に40年勤め上げた。

Roll

名/動［roul　**ロウ**ル］

巻いたもの »

転がる »»

始める

rollは「巻く」です。くねくねしたロールパンでもおなじみのイメージですね。「時計を巻く」→「物事を進める、始める」という粋な応用表現もありますので、ぜひ使いこなせるようになりましょう。

Do you need any more rolls of toilet paper?

もっとトイレットペーパーが必要ですか？

A: Do you need any more rolls of toilet paper?
B: Thanks, but no thanks.

A: もっとトイレットペーパーが必要ですか？
B: ありがとう、でも結構です。

The toilet paper is rolling down the stairs!

トイレットペーパーが階段を転がり落ちています！

A: The toilet paper is rolling down the stairs!
B: Her cat is having fun.

A: トイレットペーパーが階段を転がり落ちています！
B: 彼女のネコが遊んでいるんです。

Are you ready to roll?

始める準備はできましたか？

A: Are you ready to roll?
B: We're all set.

A: 始める準備はできましたか？
B: できているよ。

43

Light

名/動[lait ライト]

明かり

»

火をつける

»»

見方

lightが持つ「光」「明るい」というコアイメージは、動詞になると「火（あかり）をつける」という意味で使われます。また、これまで暗くて気がつかなかった場所にパッとスポットライトが当てられるように、ビジネスの世界では「視点」「観点」という意味で使われることが多くあります。

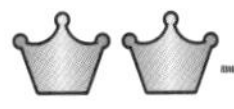

Would you please turn on the light?

明かりをつけていただけますか？

A: Would you please turn on the light?
B: Sure.

A: 明かりをつけていただけますか？
B: もちろんです。

She lit my fire.

彼女は私のハートに火をつけました

A: She lit my fire. I can't stop thinking about her.
B: Jim, you need to calm down.

A: 彼女は私のハートに火をつけました。彼女のことを考えずにはいられません。
B: ジム、落ち着いたほうがいいね。

Let's stop being so pessimistic and start seeing things in a new light.

悲観的にならないで、新しい見方で考えましょう

A: I'm heartbroken. I'm torn up inside.
B: Let's stop being so pessimistic and start seeing things in a new light.

A: 失恋した。心はズタズタだよ。
B: 悲観的にならないで、新しい見方で考えましょう。

44

Pad

名/動[pæd　パッド]

パッド

»

部屋

»»

膨らませる

肩パッドの印象でpadが「詰め物」「クッション」を意味することがパッと思い浮かぶかもしれません。中が空洞であるイメージから「家」「部屋」を表すときに使うことがあります。また、クッションのように膨らむイメージから「(請求金額を) 膨らませる」という使い方もされます。

Those shoulder pads are too large.

肩パッドが大きすぎるよ

A: Those shoulder pads are too large.
B: Really? I think that's cool. It's like 80's fashion.

A: 肩パッドが大きすぎるよ。
B: 本当？カッコいいと思うよ。80 年代っぽくて。

What a fine pad you live in!

なんていい部屋に住んでいるの！

A: What a fine pad you live in!
B: Thank you.

A: なんていい部屋に住んでいるの！
B: ありがとう。

Never pad the balance sheets, OK?

貸借対照表を膨らませてはならない、わかった？

A: Never pad the balance sheets, OK?
B: Absolutely.

A: 貸借対照表を膨らませてはならない、わかった？
B: もちろんです。

45

Pin

名/動[pin　ピン]

ピン

暗証番号

留める

pinはバッジやブローチなどに取り付けられた針のことを指します。人が身につけたり、利用できるようにフタがあるタイプと言えばピンと来るでしょう。その安全を与えるフタを象徴するのが「暗証番号（Personal Identification Number = PIN）」の意味です。針を押しつけるイメージの「留める」や「（責任を）負わせる」の意味もあります。

3つのpin

Isn't this pin cute?

このピン、可愛くない？

A: Isn't this pin cute?
B : Yeah, but you said that you wouldn't buy anything today.

A: このピン、可愛くない？
B: そうだね。でも今日は何も買わないって言ってなかった？

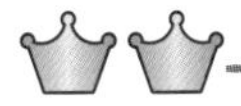

Could you tell me how to set a PIN code?

暗証番号の設定方法を教えていただけませんか？

A: Could you tell me how to set a PIN code?
B : Of course.

A: 暗証番号の設定方法を教えていただけませんか？
B: もちろんです。

Do you know the old game "Pin the tail on the donkey"?

あなたは“しっぽを留めたロバ”という古いゲームを知ってる？

A: Do you know the old game "Pin the tail on the donkey"?
B : Yeah, it's like *fukuwarai*, right?

A: あなたは“しっぽを留めたロバ”という古いゲームを知ってる？
B: ええ、それって福笑いみたいなものでしょ？

46

Point

名 [pɔint　**ポイ**ント]

beginner

先端

»

intermediate

要点

pointはさまざまな意味を持つ英単語です。モノの先っちょを指すだけでなく、位置（a transfer point＝乗り換え地点）や時間（at this point＝この時点で）、程度や要点、動作や単位などを表すことができます。文脈を読んでどのような意味で使われているか判断しましょう。

Where is the northernmost point in Japan?

日本の最北端はどこですか

A: Where is the northernmost point in Japan?
B: It's Cape Soya.

A: 日本の最北端はどこですか。
B: 宗谷岬です。

There's no point in finishing this.

これで終わらせても無駄（要点がない）です

A: This is meaningless.
B: I agree. There's no point in finishing this.

A: これは意味ないね。
B: たしかに。これで終わらせても無駄（要点がない）です。

一緒に覚えよう

● **pointless** 形 先のない、無意味な

It's pointless for me.
それは私にとってムダです。

47

Ship

名/動[ʃip　シップ]

船

»

輸送する

shipといったら船ですね。元の意味から動詞では「～を輸送する」と使います。ちなみに、I ship this couple.(私はこのカップルを推す)などと「(ロマンチックな関係を）望む」というスラングもあります。これは、relationshipのshipからきているんですね。

It's a spaceship!

宇宙船だよ！

A: What is it?
B: It's a spaceship!

A: それ、何？
B: 宇宙船だよ！

Oh, it was shipped this morning.

あら、今朝の出荷でしたね

A: I'm still waiting for my package.
B: Let me check. Oh, it was shipped this morning.

A: まだ小包を待っているのですが。
B: 確認しますね。あら、今朝の出荷でしたね。

一緒に覚えよう

- **shipment** 名 荷物

I am sorry for the delay in shipment.
荷物が遅くなってごめんなさい。

Rock

名 [rak　**ロック**]

rockはstoneより大きめの岩石のことです。そこからダイヤモンドを意味するときに一般に使われるようになりました。また、The ship ran upon the rocks.（船が暗礁に乗り上げた）という「暗礁・岩礁」という意味から、「大変な状態」を示すときにも使われます。

3つのrock

I used to listen to a lot of punk rock when I was young.

若い頃はたくさんパンクロックを聞いたものです

A: I used to listen to a lot of punk rock when I was young.
B: What kind of music do you listen to recently?

A: 若い頃はたくさんパンクロックを聞いたものです。
B: 最近はどんなのを聞くんですか？

This club is rocking!

このクラブ、最高！

A: This club is rocking!
B: Yes, it's the most popular place in town.

A: このクラブ、最高！
B: ほんと、ここは街で一番有名な場所だよ。

His marriage is on the rocks again.

彼の結婚はまたひどいことになっています

A: His marriage is on the rocks again.
B: Again!?

A: 彼の結婚はまたひどいことになっています。
B: また！？
※ on the rocks の形で使います。

Racket

名 [rǽkit　**ラ**ケット]

ラケット

騒音

解説

テニスなどスポーツで使うracket（ラケット）は、大騒ぎ、バカ騒ぎ、といった「うるさい音」のイメージがある英単語です。名詞でも動詞でも使われます。また、楽して商売をする、正規の商売じゃないやり方で儲ける、といった意味合いもあります。

Have you seen my tennis racket?
私のテニスラケット見た？

A: Have you seen my tennis racket?
B: Come again?

A: 私のテニスラケット見た？
B: もう１度言ってくれる？

Stop making all that racket!
騒音を立てるのはやめて！

A: Stop making all that racket! I'm trying to sleep.
B: I'm sorry.

A: 騒音を立てるのはやめて！寝れないよ。
B: ごめんなさい。

一緒に覚えよう

● **racket** あらかせぎ

It's a racket.
ぼろもうけだ。

50

Lemon

名 [lémən　**レ**メン]

レモン

欠陥品

果物のlemon(レモン)には、「欠陥品」「まぬけ」といったネガティブな意味があるんですね。ですので、My phone is a lemon. と言われたら、（あ、欠陥品なんだな…）と察しましょう。爽やかという意味ではありません。Lemonを「欠陥品」の意味で用いるのは諸説あります。その味わいの苦さをたとえているから、という説もあります。

2つのlemon

You're not going to squeeze your lemon?

レモン絞らないの？

A: You're not going to squeeze your lemon?
B : Yeah. I don't like lemons, because they taste sour.

A: レモン絞らないの？
B: ええ、レモンって酸っぱくて好きじゃないの。

Yeah, it's a lemon.

うん、欠陥品だよ

A: This is a piece of junk.
B : Yeah, it's a lemon.

A: これはポンコツだね。
B: うん、欠陥品だよ。

一緒に覚えよう

● **hand A a lemon** Aをだます

The dealership handed you a lemon.
販売業者はあなたをだましました。

● **lemon** 名 レモン色

I like your lemon wallpaper.
黄色い壁紙がいいね。

Beef

名 [biːf　ビーフ]

beginner
牛肉

»

intermediate
不平

Beefはもともと、「牛」という意味を持つ単語ですが、「不平を言う」という意味もあります。また、中身のない物事に対して「で、内容は？」と聞く際に使われます。これはもともと、ハンバーガーチェーン店Wendy'sのテレビCMで、キャラクターが競合他社の大きなハンバーガーのパンを見て、「Where's the beef?」（＝牛肉はどこ？）と言ったのが大ヒットしたことから使われました。

2つのbeef

Would you like chicken or beef?

ビーフかチキンかどちらがいいですか？

A: Would you like chicken or beef?
B : Chicken please.

A: ビーフかチキンかどちらがいいですか？
B: チキンでお願いします。

It seems you have a beef with him.

彼に不満があるようだね

A: It seems you have a beef with him.
B : He married my ex-girlfriend.

A: 彼に不満があるようだね。
B: あいつ、僕の元カノと結婚したんだ。

一緒に覚えよう

● **Where's the beef?**
内容はどこ？

● **beef up** ～を強化する
The commander said we have to beef up our organization.
司令官は、私たちは組織を強化しなければならない、と言った。

Jam

名 [dʒæm　ヂャム]

ジャム »

交通渋滞 »»

ピンチ

jamのコアイメージは「ぎっしり詰め込む」です。クルマがぎっしり詰まった「交通渋滞」はまさにこのイメージ。「手詰まり」になり、ピンチな状態を表すときにもよく使います。

3つのjam

Blueberry jam is my favorite!

ブルーベリージャムは私の大好物だよ！

A: Yummy! Blueberry jam is my favorite!
B: Me too!

A: おいしい！ ブルーベリージャムは私の大好物だよ！
B: 僕も！

I was stuck in a traffic jam for two hours.

私は2時間交通渋滞で動けなかったんです

A: You are late. What happened?
B: I was stuck in a traffic jam for two hours.

A: とても遅かったね。どうしたの？
B: 私は2時間交通渋滞で動けなかったんです。

I'm in a jam and I don't know what to do.

手詰まりなんだ。何をすべきか分からない

A: I'm in a jam and I don't know what to do.
B: Just hang in there.

A: 手詰まりなんだ。何をすべきか分からない。
B: あきらめないで頑張って。

53

Egg

名/動 [eg　エッグ]

卵 » 投げつける »» おだてる

eggは「卵」という名詞にとどまらず、ブーイングと同じく相手を罵りたいときに「投げつける」という動詞の意味も持って使われています。卵を投げつけられ、追い詰められる人をイメージすると、「けしかけ」られるという意味も想像できますね。

3つのegg

Do you know how to separate egg yolk from egg white?

卵の白身と黄身を分ける方法って知ってる？

A: Do you know how to separate egg yolk from egg white?
B: No, I don't know.

A: 卵の白身と黄身を分ける方法って知ってる？
B: いいえ、知りません。

The poor comedian was egged.

つまらない芸人は卵を投げつけられたよ

A: How was the show?
B: Well, the poor comedian was egged.

A: ショーはどうだった？
B: ええ、つまらない芸人は卵を投げつけられたよ。

She was egged on by her classmates to sing.

彼女は歌うようにクラスメートにおだてられたよ

A: She was egged on by her classmates to sing.
B: She's actually pretty shy, right?

A: 彼女は歌うようにクラスメートにおだてられたよ。
B: 彼女は実際かなりシャイなんだよね。

54

Nut

名 [nʌt　ナット]

I am nuts about you!
nuts

beginner

ナッツ（木の実）

»

intermediate

変わり者

解説

複数形で使われることの多いnut(s)「ナッツ」は、食べ物のイメージが強いですが、そのほかにも、「～のファン」「～狂」「変わり者」といった意味のある言葉です。（「留めねじ」という意味もあります。）また、That's nuts. で「それはくだらないね」という意味になります。

Are you allergic to nuts?

ナッツのアレルギーですか？

A: Are you allergic to nuts?
B: No, just seafood.

A: ナッツのアレルギーですか？
B: いいえ、シーフードだけです。

He's a nut, if you ask me.

私に言わせれば、彼ってヘンだよ

A: He's a nut, if you ask me.
B: You shouldn't judge people so quickly.

A: 私に言わせれば、彼ってヘンだよ。
B: そんなにすぐ人を判断すべきじゃないよ。

一緒に覚えよう

● **for nuts** からきしダメ

I can't swim for nuts.
私はからきし泳げません。

● **That's nuts.** くだらない

That's nuts.
それはくだらないよ。

column

Racketのさまざまな意味

ヘビメタバンドが深夜ベッドルームで演奏していたら？「なに、このracketは？！」と、皆さんもう新しく習った意味のracketも使えますね。テニスのラケットと、騒音のラケット、さらにもう１つ覚えておくといい、racket の意味があります。

それは、「短期間でぼろ儲け」という意味。長続きはしないけれど、じゃんじゃん儲けていることを指します。たとえば、炭水化物ダイエット（なかなか続けるのは難しいですよね）や、感染症流行の一時だけマスクがとても売れる、といったようなことです。 It’s a racket!（そりゃぼろ儲けだね！）とフレーズではよく使います。ただし、この表現には少しネガティブなニュアンスがあるので注意です。

Chapter 6

自然・身体

Nail it! ってどんな意味？
「ネイル」だけじゃない！
Nail の使い方を
マスターしよう！

55

Diet

名 [dáiət　**ダイ**エット]

ダイエット »

食生活 »»

日々の

体重を減らすという意味で、日本で浸透したダイエット。もともとは体調管理のため「規定食＝食事を制限する」という意味で使われ、その習慣的な行為を背景に「お決まりごと」「日々の変わらないもの」というイメージが派生しました。

I'm on a diet.

ダイエット中です

A: Would you care for dessert?
B: No, thanks. I'm on a diet.

A: デザートはいかがですか？
B: いいえ、結構です。ダイエット中です。

Many people eat a diet of meat and potatoes.

多くの人が肉とジャガイモの食生活です

A: Many people eat a diet of meat and potatoes.
B: Here, it's fish and rice.

A: 多くの人が肉とジャガイモの食生活です。
B: ここでは、魚とご飯だよ。

Children raised on a daily diet of kindness will have empathy.

日々、優しさに包まれて育てられた子どもたちは感受性が豊かになります

A: Children raised on a daily diet of kindness will have empathy.
B: That makes sense.

A: 日々、優しさに包まれて育てられた子どもたちは感受性が豊かになります。
B: 分かります。

名 [ai　アイ]

eye（目）には「見る（＝ある点に注目する）」という動作と結びつくことから、「視点」「まなざし」という意味や、「（～の）中心」を表す語として使われます。

3つのeye

My eyes are getting weaker these days.

最近目がどんどん悪くなっていっています

A: My eyes are getting weaker these days.
B: Have you seen a doctor?

A: 最近目がどんどん悪くなっていっています。
B: 医者には行ったの？

That would be in the eye of the beholder.

それは見方（視点）次第だろうね

A: She's the most beautiful person on Earth!
B: That would be in the eye of the beholder.

A: 彼女は世界で一番きれいな人だよ！
B: それは見方（視点）次第だろうね。

We are in the eye of the storm.

私たちは暴風雨の中心にいます

A: We are in the eye of the storm.
B: Seriously?

A: 私たちは暴風雨の中心にいます。
B: マジ？

Ear

名 [iər イアー]

beginner
耳

》 intermediate
トウモロコシの数え方

》》 advanced
音感

トウモロコシの数え方がear（耳）とは驚く人も多いのではないでしょうか。コーンの粒が耳みたいに出ていると思えば、少しは覚えやすいかもしれません。耳という語のため、「音感」という意味や、gain one's earで「～の耳を獲得する＝～に聞いてもらう」という連想はうまくいくでしょう。

3つのear

We have two ears and one mouth so we should listen more than we talk.

耳は２つ、口は１つ。だから私たちは話すよりも聞くべきなのよ

A: We have two ears and one mouth so we should listen more than we talk.
B : Spoken like a philosopher.

A: 耳は２つ、口は１つ。だから私たちは話すよりも聞くべきなのよ。
B: まるで哲学者だね。

We were served three ears of corn!

私たちはトウモロコシを３つも出されたの！

A: We were served three ears of corn!
B : Could you eat all of it?

A: 私たちはトウモロコシを３つも出されたの！
B: 全部食べれたの？

She's a singer, so she has an ear for music!

彼女は歌手なので、音感を持っているよ！

A: She's a singer, so she has an ear for music!
B : You are her big fan.

A: 彼女は歌手なので、音感を持っているよ！
B: あなたは彼女の大ファンですもんね。

Head

名/動[hed　ヘッド]

頭

長

向かっている

日本語でもお頭（かしら）という言葉があるようにheadが「団体の長」を示すことは分かりやすいですね。頭を向ける先が「進む方向」であるのもすぐにピンと来ます。

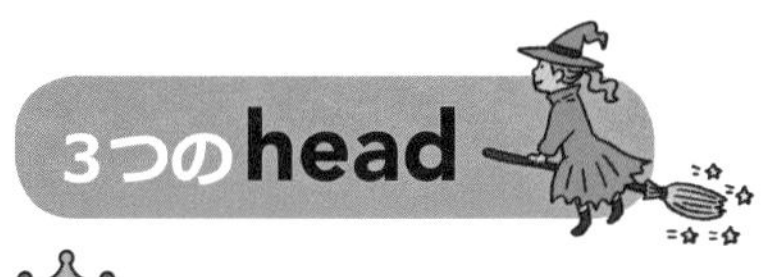

3つのhead

My head hurts.

頭が痛みます

A: My head hurts.
B : You should take a rest.

A: 頭が痛みます。
B: 休もう。

He was the head of a consulting firm until last year.

彼は去年までコンサルティング会社の社長でした

A: He was the head of a consulting firm until last year.
B : I know, but he is just a selfish man now.

A: 彼は去年までコンサルティング会社の社長でした。
B: 知っています、でも今はただの自己中な人です。

Where are we heading now?

いまどこに向かっているの？

A: Where are we heading now?
B : I don’t know. We are heading somewhere.

A: いまどこに向かっているの？
B: 分かりません。どこかに向かっています。

59

Lap

名［læp　ラップ］

ひざ

»

一周

»»

責任

lapは「膝」を示しますが、正確には座ったときにできる膝から腰まで子供がその上で抱かれる範囲を示します。一方、knee（膝）はピンポイントに「膝」のみを示します。子どもが抱かれるというイメージから「包む→ひと巻き→1周」という語の広がりが生まれました。

3つのlap

Please hold your child on your lap.

子どもをひざにのせてください

A: Please hold your child on your lap.
B: Yes,sir.

A: 子どもをひざにのせてください。
B: はい。

Coach, how many laps do you want us to run?

コーチ、僕たちに何周走ってほしいんですか？

A: Coach, how many laps do you want us to run?
B: 10 laps.

A: コーチ、僕たちに何周走ってほしいんですか？
B:10 周。

He dumped the problems on my lap.

彼が問題をすべて私の責任にしたんだ

A: How come you are in such a bad mood today?
B: He dumped the problems on my lap.

A: どうして今日はそんなに機嫌が悪いの？
B: 彼が問題のすべてを私の責任にしたんだ。

Nail

名/動[neil **ネイ**ル]

beginner **ツメ・くぎ** » intermediate **捕まえる** »» advanced **うまくいく**

日本語でもマニキュアをすることを「ネイル」と言ったりしますが、nailは「くぎ」「ツメ」の意味があります。もともとは「くぎ付けにする」、「動けなくする」という意味の単語です。nail it!とは、動くものを捕まえた！とらえた！というイメージ。「とった！」という意味で使われます。

3つのnail

My nails are too long to play the piano.

私のツメはピアノを弾くには長すぎるね

A: My nails are too long to play the piano.
B: Yeah, you should trim your nails.

A: 私のツメはピアノを弾くには長すぎるね。
B: そうだね、切った方がいいね。

I heard that the police finally nailed the shoplifter.

警察はついに万引き犯を捕まえたと聞いたよ

A: I heard that the police finally nailed the shoplifter.
B: That's good news.

A: 警察はついに万引き犯を捕まえたと聞いたよ。
B: それはいい知らせだね。

I nailed it!

バッチリだよ！

A: I nailed it!
B: Congratulations, I knew you could do it.

A: バッチリだよ！
B: おめでとう。君ならできるって思ってたよ。
※ nail it として使います。

61

Fire

名/動[faiər　ファイア]

beginner
火
»
intermediate
発砲する
»»
advanced
解雇する

解説

火や炎を意味するfireは、動詞では「(銃を) 撃つ」「(ロケット) を発射する」という意味を持ちます。また興奮、激怒という意味もあります。be動詞にfireにedをつけた過去分詞形be firedで、「～をクビにする」「解雇する」となるのも、カンカンに怒ってと考えると想像がつくでしょうか。

The building is on fire!

ビルが燃えています

A: Look! The building is on fire!
B: Oh, my goodness.

A: 見て。ビルが燃えています。
B: なんてこと。

The cowboy fired a gun.

カウボーイは銃を発砲しました

A: The cowboy fired a gun.
B: Are you talking about a dream?

A: カウボーイは銃を発砲しました。
B: 夢の話ですか？

I got fired.

解雇されちゃった

A: I got fired.
B: What did you do this time?

A: 解雇されちゃった。
B: 今回は何したの？

62

Wind

名 [wind　**ウィ**ンド]
動 [waind **ワイ**ンド]

beginner

吹く

»

intermediate

管楽器

»»

advanced

巻く

解説

舞い上がる風のイメージから、「吹く」という動詞や、「巻く」という動詞でネイティブスピーカーはよく使います。中学の「風」、日常会話の「吹奏」の発音は［wind］ですが、ビジネスの「巻く」というときは［waind］と発音しますので、注意してください。

The wind is very strong today.

今日は風がとても強いです

A: The wind is very strong today.
B: Hold on to your hat!

A: 今日は風がとても強いです。
B: 帽子を離さないで！

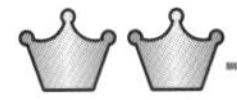

The winds.

管楽器だよ

A: What instruments do you play?
B: The winds.

A: 何の楽器を演奏するの？
B: 管楽器だよ。

You need to wind the lever on the side.

わきにあるレバーを巻く必要があるよ

A: How does this music box work?
B: You need to wind the lever on the side.

A: このオルゴールってどうやって動かすの？
B: わきにあるレバーを巻く必要があるよ。（※ wind の発音に注意！）

Ocean

名 [óuʃən　**オウ**シャン]

海  **たくさん**

ひろびろとした広がりを言うのに比喩的に使われることが多い語です。競争の激しい既存市場をレッド・オーシャン（血で血を洗う競争の激しい領域）とし、競争のない未開拓市場であるブルー・オーシャン（競合相手のいない領域）を切り開くべきだと説かれたBlue Ocean Strategy（戦略）はビジネスで近年よく耳にする語となりました。

Have you ever seen the Atlantic Ocean?

これまでに大西洋を見たことがありますか？

A: Have you ever seen the Atlantic Ocean?
B: Never.

A: これまでに大西洋を見たことがありますか？
B: 一度も。

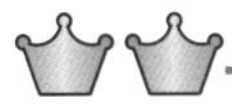

I have an ocean of work to do today.

今日はやることがたくさんあるんだ

A: How about a movie?
B: Sorry, I have an ocean of work to do today.

A: 映画はどう？
B: ごめん。今日はやることがたくさんあるんだ。

一緒に覚えよう

- **Blue ocean** 名 市場

Creating blue oceans builds brands.
（競合相手がいない）ブルーオーシャンを発見することはブランドを構築する。

- **the Pacific Ocean** 名 太平洋
- **the Atlantic Ocean** 名 大西洋
- **the Indian Ocean** 名 インド洋

Weather

名/動 [wéðər　**ウェ**ザー]

天候

»

色あせる

»»

切り抜ける

ウェザーニュース（天気予報）の名のとおり、weatherは「天気」を意味します。毎日、太陽や風、雨にさらされることで「色あせて」ゆくことも意味し、さらに嵐などを「しのぐ」「切り抜ける」という意味も持ちます。ビジネスでは「難局を切り抜ける」という比喩表現でよく聞きます。

3つのweather

Did you see the weather forecast?

天気予報見ました？

A: Did you see the weather forecast?
B: Yes, I did.

A: 天気予報見ました？
B: ええ、見ましたよ。

I like the weathered leather.

私は色あせた革が好きだな

A: I like the weathered leather.
B: It's softer, that's for sure.

A: 私は色あせた革が好きだな。
B: たしかに、やわらかいもんね。

It was not an easy task but we somehow weathered through, didn't we!

簡単な課題じゃなかったけど、私たちはなんとか困難を切り抜けたね！

A: It was not an easy task but we somehow weathered through, didn't we!
B: Finally, we did it!

A: 簡単な課題じゃなかったけど、私たちはなんとか困難を切り抜けたね！
B: ついにやったね！

column

Elephant in the room とは

ディズニー映画『ダンボ』では、お酒を飲んでしまったダンボが、ピンクのゾウたちがトランペットを吹いているという幻覚を見るシーンがあります。elephant（ゾウ）がpink elephant（幻覚）を見るという言葉遊びがされているのですが、さらにtrumpet には「ゾウの鳴き声」という意味もあるので、この場面ではいくつもの言葉遊びが行われているんですね。ちょっとしたマメ知識として、覚えておくといいかもしれません。

ゾウにまつわるマメ知識としてさらに、There is an elephant in the room. というフレーズがあります。直訳すると「部屋に象がいる」ですが、「触れてはいけない問題がある」＝「見て見ぬふりの状況」を指す時に使われます。ゾウが部屋にいたら、その大きさにすべての人が気づいてしまいますよね。みんなが知っているのに、それに触れないでいる…ちょっと気まずい、そんな状況のことをelephant を用いて表現した慣用句です。

Chapter 7

動作・状態

「ランニング」のrun は
「走る」だけじゃない？
さらに２つの意味を
使いこなそう！

65

Mean

名/形 [miːn　ミィン]

beginner
意味する

intermediate
ひどい

meanは「～を意味する」という意味の単語です。また、形容詞では「意地悪な」「ひどい」という意味を持ちます。映画に『Mean Girls』(ミーンガールズ)というのがありますが、訳すと「意地悪な女の子」という内容そのままな意味になるんですね。

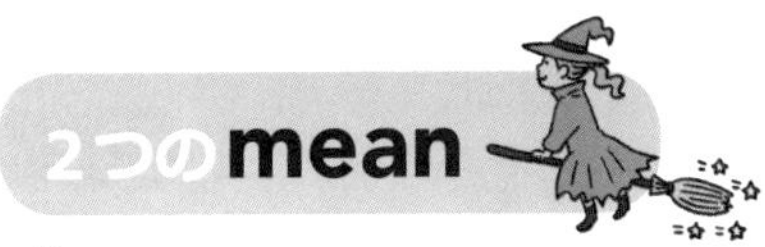

2つのmean

I don’t know what you mean.

どういう意味か分かりません

A: I don’t know what you mean.

B: Let me rephrase it.

A: どういう意味か分かりません。

B: 言い方を変えますね。

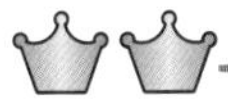

Don’t be so mean to your sister!

お姉さんにそんなひどいことするなよ！

A: Don’t be so mean to your sister!

B: Sorry.

A: お姉さんにそんなひどいことするなよ！

B: ごめんなさい。

一緒に覚えよう

- **a mean person** ひどい、冷たい人

He is a mean person.

彼は冷たい人だ。

- **meantime** 合間

In the meantime, let’s eat something!

その間、何か食べよう。

Break

名/動[breik　ブ**レイ**ク]

壊す

»

休み

»»

勘弁

breakはもともと「壊す」という意味を語源に持つ単語です。また、「逃亡」や「脱走」という意味もあるので、冠詞aを伴ってtake a breakで「(仕事の合間に）休憩をとる」という意味は想像しやすいかもしれませんね。a breakで「機会」「勘弁」という意味もあります。

Be careful not to break the crystal!

水晶を壊さないように注意して！

A: Be careful not to break the crystal!
B: Oops!

A: 水晶を壊さないように注意して！
B: おっと！

Shall we take a break?

一休みしませんか？

A: Shall we take a break?
B: Good idea!

A: 一休みしませんか？
B: いいですね！

Please give me a break!

勘弁してください！

A: Please give me a break!
B: I can't.

A: 勘弁してください！
B: 無理です。

67

Carry

動 [kǽri　キャリー]

運ぶ

»

背負う

»»

扱う

carryの基本的な意味は「運ぶ」。運ぶという動作からもイメージできるように「(何かを) 背負う」という意味でもよく使われます。さらに、店から購入者へ商品が移動するイメージから、商品を「扱う」という意味でも使われます。

3つのcarry

Please allow me to carry your bags to the door.

あなたのバッグをドアへ運ばせてください

A: Please allow me to carry your bags to the door.
B: That's very kind of you.

A: あなたのバッグをドアへ運ばせてください。
B: ご親切にありがとう。

I carry the dreams of our ancestors.

私は先祖の夢を背負っています

A: I carry the dreams of our ancestors.
B: Good luck.

A: 私は先祖の夢を背負っています。
B: 幸運を祈るよ。

This supermarket carries many types of yogurt.

このスーパーはいろんなヨーグルトを扱っています

A: This supermarket carries many types of yogurt.
B: I'm surprised!

A: このスーパーはいろんなヨーグルトを扱っています。
B: 驚いた！

68

Skip

動 [skip　ス**キ**ップ]

beginner

軽く跳ねる »

intermediate

飛ばす »»

advanced

抜けだす

解説

skipのイメージは、ぴょんぴょん跳ねたり飛んだりすること。ページを読み飛ばしたり（skip some pages）、会議を不参加したり（skip a meeting）、目に見えない内容にも使うことができます。この軽やかな動作から、「こっそり抜け出す」の意味もあります。

I skipped all the way to school.

私は学校までずっとスキップしていました

A: I skipped all the way to school.
B : Really? You skipped for 2 kilometers?

A: 私は学校までずっとスキップしていました。
B: ホントに？ 2キロスキップしたの？

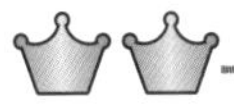

I heard that he skipped two grades!

彼が２つも飛び級したって聞いたよ！

A: My brother is a genius.
B : I heard that he skipped two grades!

A: 私の弟って天才なんだ。
B: 彼が２つも飛び級したって聞いたよ！

They skipped off without paying the bill.

彼らは代金の支払いをせずにそそくさと立ち去ったんだ

A: What's eating you, Jim?
B : They skipped off without paying the bill.

A: ジム、何イライラしてるの？
B: 彼らは代金の支払いをせずにそそくさと立ち去ったんだ。

69

Run

動 [rʌn　ラン]

走る

»

運転する

»»

経営する

「走る」という意味でおなじみrun。機械などが走り（働き）続けるのを「操作」するという意味で使われます。会社や組織を機能させる、ということから、「経営する」という意味で使われることも多くあります。

You have to run if you want to catch the train.

列車に乗りたいなら走らないと

A: You have to run if you want to catch the train.
B: Okay.

A: 列車に乗りたいなら走らないと。
B: はい。

The lawn mower stopped running!

芝刈り機（の運転）が止まっちゃった！

A: The lawn mower stopped running!
B: Maybe it's out of gas.

A: 芝刈り機（の運転）が止まっちゃった！
B: ガス欠かもね。

The running costs are too high!

経営コストが高すぎるよ！

A: The running costs are too high!
B: What should we do?

A: 経営コストが高すぎるよ！
B: どうすべきだと？

70

Fast

名/副[fæst　ファスト]

beginner
速い

»

intermediate
断食

»»

advanced
しっかり

fastはファストフードでも分かるとおり、「速い」「すばやい」というコアなイメージがあります。この速さを実現するには、ぐらつかない「しっかり」したシステムが必要です。この確固たる思いが宗教上の行事である「絶食」につながります。

3つのfast

You speak too fast!

話すのが速すぎるよ！

A: You speak too fast! Please speak more slowly.
B: Oh, sorry.

A: 話すのが速すぎるよ！ゆっくり話して。
B: おお、ごめん。

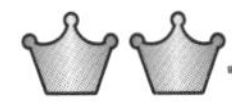

I went on a fast to lose weight.

体重を減らすために、断食をしたんです

A: Are you ok? You look kind of pale.
B: I went on a fast to lose weight.

A: 大丈夫？ちょっと顔色がわるいよ。
B: 体重を減らすために、断食をしたんです。

She's fast asleep.

彼女はよく眠っているね

A: She's fast asleep.
B: Yeah, she worked hard all weekend.

A: 彼女はよく眠っているね
B: ええ、すべての週末一生懸命働いたからね。

71

Fix

名/動［fiks　**フィ**クス］

直す

固定する

元気になるもの

fixは多彩な意味で使われる単語です。語源はラテン語のfixus（固定された）。「直す」という意味もあり、その回復するというイメージから「一服する（休みをとる）と元気になるもの」もfixと言います。

3つのfix

Can you fix this broken toy?

この壊れたオモチャを直せる？

A: Can you fix this broken toy?
B: No problem. I will fix it by tomorrow.

A: この壊れたオモチャを直せる？
B: いいですよ。明日までに直しましょう。

Fix the hook on the wall.

壁のフックを固定して

A: Fix the hook on the wall.
B: Sure.

A: 壁のフックを固定して。
B: いいよ。

I need a quick fix of coffee to refresh my mind.

気分をリフレッシュするためにはコーヒーの目覚まし効果が必要だ

A: I need a quick fix of coffee to refresh my mind.
B: I will bring it for you.

A: 気分をリフレッシュするためにはコーヒーの目覚まし効果が必要だ。
B: 持ってきてあげよう。

72

Blow

名/動[blou　ブロウ]

beginner
打撃
»
intermediate
吹く
»»
advanced
しくじる

「強打」というイメージの強いblowですが、The wind is blowing hard.(風が強く吹いている）という天気の表現でもよく使われます。ビジネスの世界では、「吹き飛ばされる→パーになる、失敗する」という意味でよく耳にする語です。

3つのblow

It was a knockout body blow.

ボディブローの一発でノックアウトでした

A: It was a knockout body blow.
B : She was too strong.

A: ボディブローの一発でノックアウトでした。
B: 彼女は強すぎだよ。

He was blowing a trumpet.

彼はトランペットを吹いていました

A: What was he doing on the street corner?
B : He was blowing a trumpet.

A: 彼は街かどで何をしていましたか？
B: 彼はトランペットを吹いていました。

Don't blow this opportunity!

このチャンスをしくじらないで！

A: Don't blow this opportunity!
B : Yes, I will do my best.

A: このチャンスをしくじらないで！
B: うん、ベストを尽くすよ！

73

Act

名/動[ækt **ア**クト]

演じる »

演目 »»

決議

映画監督のAction! という声を思い浮かべると、actが演技の始まり、つまり「演目」を表すこともすぐに覚えられるでしょう。英字新聞の政治ニュースには毎日のように「法令」「決議」という意味のactが載っています。

Act your age!

歳に合った行動をしなさい！

A: Act your age!
B: Sorry, you're right.

A: 歳に合った行動をしなさい！
B: ごめんなさい。その通りです。

Do you know who's starring in the act?

演目で誰が主演か知ってる？

A: Do you know who's starring in the act?
B: Actually, I don't know. Who?

A: 演目で誰が主演か知ってる？
B: 実際知らないわ。だれ？

Which act is up for discussion?

どちらの法令について議論がされていますか？

A: Which act is up for discussion?
B: This one.

A: どちらの法令について議論がされていますか？
B: これです。

74

Hold

動 [hould　**ホウ**ルド]

つかむ

»

せき止めておく

»»

holdには、catchに近い「つかむ」という意味と、keepに近い「保つ」「せき止める」という意味があります。どちらも「手で抱え込み、ある状態を保つ」という共通のイメージを持っています。

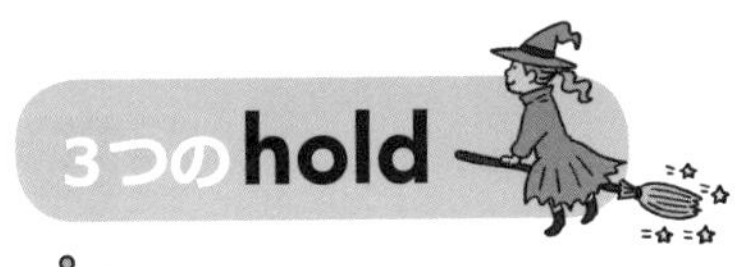

Hold on to me.

私を離さないで

A: Hold on to me.
B : I won't let go.

A: 私を離さないで。
B: 離さないよ。

A mystery novel held my interest last night.

昨夜、ミステリー小説が私の興味を離さなかったんだ

A: Your eyes are red. Are you ok?
B : A mystery novel held my interest last night.

A: 目が赤いけど大丈夫？
B: 昨夜、ミステリー小説が私の興味を離さなかったんだ。

I can't hold on any more.

もう我慢できない

A: I can't hold on any more. I'm giving up.
B : I understand.

A: もう我慢できない。ギブアップするよ。
B: わかるよ。

75

Hit

名/動[hit　ヒット]

大当たり » **衝突する** »» **ピンとくる**

野球のヒットでもイメージできるとおり、何かが「当たる」がhitです。そこから「衝撃」というイメージが湧くのは容易ですね。さらに用法は発展し、「目に見えないものが頭を衝撃する」→「気づく」「アイデアが浮かぶ」という表現で使うことができます。

It was a huge hit.
大当たりしたよね

A: I haven't heard this song since high school!
B: It was a huge hit.

A: 高校以来この曲を聞いていなかったよ！
B: 大当たりしたよね。

He hit me really hard.
彼はとても激しく私にぶつかりました

A: He hit me really hard.
B: Oh, are you okay?

A: 彼はとても激しく私にぶつかりました。
B: なんと、大丈夫？

It just hit me.
ああ、わかった

A: It just hit me. I know who he is!
B: Tell me!

A: ああ、わかった。私、彼を知っている！
B: 教えて！

76

Behind

副/前 [bəháind　ビハインド]

beginner
遅れて
»
intermediate
～の背後
»»
advanced
味方する

behindのコアイメージは「後ろの位置」です。時間的な位置では「遅れて」になりますし、空間的な位置では「～の背景に」「背後に」になります。また、経済的な位置では「援助している」、人間関係では「味方だよ」という意味でも使われます。

I am behind schedule again.

スケジュールがまた押しています

A: Sorry, I am behind schedule again.
B: Again?

A: スケジュールがまた押しています。
B: また？

Who's behind this wonderful program?

誰？ この素晴らしい企画（の背後）をしたのは？

A: Who's behind this wonderful program?
B: Ayaka is.

A: 誰？ この素晴らしい企画（の背後）をしたのは？
B: アヤカです。

I am behind you all the way, so give it a try!

私はずっとあなたの味方だから、思いきりやりなよ！

A: I am behind you all the way, so give it a try!
B: Thank you. I appreciate it.

A: 私はずっとあなたの味方だから、思いきりやりなよ！
B: ありがとう。感謝するよ。

77

Fair

名/副/形[fɛər　フェア]

かなりの

fairはmoderateと同じ「公平な、適度な」という意味がありますが、一方でa lotやa significantのように「かなりの」という程度の強さを表す言葉にもなります。

3つのfair

That's not fair!

こんなの公平じゃないよ！

A: That's not fair!
B: All is fair in love and war.

A: こんなの公平じゃないよ！
B: なんでもありさ。

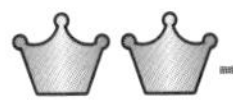

Are you going to the career fair next week?

来週の就職説明会に行くつもりですか？

A: Are you going to the career fair next week?
B: Yes, I am.

A: 来週の就職説明会に行くつもりですか？
B: ええ、そのつもりです。

Akiko speaks English fairly well.

アキコは英語をかなり上手に話します

A: Akiko speaks English fairly well.
B: She is smart. I heard that she can speak Chinese too.

A: アキコは英語をかなり上手に話します。
B: 彼女は賢いです。中国語も話せると聞きました。

78

Sick

形/動 [sik　スィック]

病気の

恋しがる

吐く

sickは、もともと「健康な状態を失った」という意味を持つ言葉です。車酔いcarsick、飛行機酔いairsickなどと言ったりします。また、homesick（家を恋しがる）とあるように、「恋しがる」「あこがれる」という意味もあります。

3つのsick

I was sick in bed.

病気で寝ていました

A: How was your weekend?
B : I was sick in bed.

A: 週末はどうでした？
B: 病気で寝ていました。

She was homesick.

彼女は故郷を恋しがっていました

A: She was homesick.
B : Where is she from?

A: 彼女は故郷を恋しがっていました。
B: 彼女の故郷ってどこ？

Don't drink yourself sick.

吐くまで飲まないように

A: Don't drink yourself sick.
B : Don't worry,

A: 吐くまで飲まないように。
B: 心配しないで。

あともう一息！

Chapter 8

感情・感覚

意味も発音の仕方も二通り！
必須知識の「Tear」を新発見！

79

Tear

名 [tiər　ティア]
動 [tɛər　テア]

beginner
涙
》
intermediate
裂く
》》
advanced
はがす

「涙」を意味するtearと「引き裂く」を意味するtearは発音に注意しましょう。「涙」がtiər ティア、「引き裂く」がtɛər テア、です。「引き裂く」が語源になっている単語です。

3つのtear

I am easily moved to tears.

涙もろいだけなんです

A: Why are you crying?
B: I am easily moved to tears.

A: なんで泣いているの？
B: 涙もろいだけなんです。

I can't believe you would tear up his letter!

彼の手紙をやぶるなんて信じられない！

A: I can't believe you would tear up his letter!
B: Why?

A: 彼の手紙をやぶるなんて信じられない！
B: なんで？

Please tear off a sheet of the paper.

紙を一枚はがしてください

A: Please tear off a sheet of the paper.
B: OK. What next?

A: 紙を一枚はがしてください。
B: はい、次は？

80

Cool

形 [kuːl　クウル]

冷たい »

問題ない »»

いかす

coolは場面によってさまざまな意味を持つ言葉ですね。Today is a cool day.で（今日は涼しい1日だね）ですし、イイものに対してThat' s cool!（カッコいいね！）と言ったりもします。元の意味も「冷たい」です。人に対しても、「ずうずうしい」「冷淡」と使うこともあります。

Is the air conditioner cool enough?

空調は十分きいていますか？

A: Is the air conditioner cool enough?
B : Actually, I'm a little cold.

A: 空調は十分きいていますか？
B: 実はちょっと寒いです。

Everything is cool.

問題ないから

A: I'm very sorry.
B : Don't worry. Everything is cool.

A: 本当にごめんなさい。
B: 心配しないで。問題ないから。

That's really cool.

それは本当にやったね！（いかしてるね！）

A: I passed the final exam!
B : That's really cool.

A: 最終試験に合格したよ！
B: それは本当にやったね！（いかしてるね！）

81

Fine

名/形 [fain　ファイン]

beginner
元気

»

intermediate
罰金

»»

advanced
極細

解説

fineは、niceやgoodと同じく「良い」を意味する語ですが、とくに見栄えがよく、立派なものに対して使われる傾向があります。その研ぎ澄まされたイメージが「極細」「精細」という意味につながります。それとは別に「罰金」を示す言葉でもあるので注意しましょう。

I'm fine, thank you.

私は元気だよ。

A: I'm fine, thank you. And you?

B: I'm good.

A: 私は元気だよ。あなたは？

B: 私もいいよ。

How much is the fine for riding a bicycle under the influence?

自転車の飲酒運転への罰金はいくらですか？

A: How much is the fine for riding a bicycle under the influence?

B: It's 3500yen.

A: 自転車の飲酒運転への罰金はいくらですか？

B:3500 円です。

We must fine-tune the plan.

私たちは計画を微調整しなければなりません

A: We must fine-tune the plan.

B: What's the reason?

A: 私たちは計画を微調整しなければなりません。

B: どうして？

82

Fit

名/動/形 [fit　フィット]

ぴったり合う ≫ 健康を保つ ⋙ 感情の爆発

fitness（フィットネス＝健康）という言葉を思い浮かべれば、fitが「健康を保つ」という意味を持つことがすぐに理解できるでしょう。また、「発作」や「引きつけ」という一時的興奮をfitと言うことから、「感情の爆発」を意味することもあります。

How does it fit?

サイズはいかがですか？

A: How does it fit?
B: It's a perfect fit.

A: サイズはいかがですか？
B: ぴったりです。

I am feeling very fit, thank you.

とても状態は良好です、ありがとう

A: How are you feeling?
B: I am feeling very fit, thank you.

A: 調子はどう？
B: とても状態は良好です、ありがとう。

Our boss often throws a fit.

私の上司はよく感情を爆発させます

A: Our boss often throws a fit. That's annoying me.
B: I'm sorry to hear that.

A: 私の上司はよく感情を爆発させます。それで悩まされているんです。
B: それはお気の毒に。

Relief

名 [rilíːf　リリーフ]

ホッとする »

公的な支援 »»

解放

安心感を表すreliefは、それをもたらす「救助」「公的な支援」という意味を持っています。「交替」してもらうことによって、安心する場合もありますね。

3つのrelief

What a relief to know that everyone arrived safely!

みんな無事に到着したとわかってホッとしました

A: Sorry to be late.
B: What a relief to know that everyone arrived safely!

A: ごめんなさい、遅れてしまいました。
B: みんな無事に到着したとわかってホッとしました。

We continued the relief efforts for many months.

私たちは何ヶ月も支援活動を続けていました

A: We continued the relief efforts for many months.
B: How about other groups?

A: 私たちは何ヶ月も支援活動を続けていました。
B: 他のグループはどうですか？

I was relieved of my duties at the post office.

私は郵便局を解任されました

A: I was relieved of my duties at the post office.
B: That's why you are here.

A: 私は郵便局を解任されました。
B: そういうわけでここに。

Interest

名 [íntrəst **イン**タレスト]

beginner
興味

»

intermediate
利息

interestはもともと「違いが生まれる」、「間にある、存在する」というのが語源となっています。関係する、というところから利害関係を表す「利息」という言葉のイメージにつながったわけですね。

2つのinterest

I have no interest in sports.

私はスポーツに興味がないんです

A: What sports do you like?
B: I have no interest in sports.

A: 何のスポーツが好きですか？
B: 私はスポーツに興味がないんです。

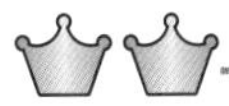

My credit card company charges 16% interest.

私のクレジットカード会社は 16%の利息を請求します

A: My credit card company charges 16% interest.
B: Mine charges half that amount.

A: 私のクレジットカード会社は 16%の利息を請求します。
B: 私はその額の半分が請求されます。

一緒に覚えよう

● **self-interest** 私利私欲

I am not doing this from self-interest.
私利私欲からしていることではありません。

● **Could I interest you in a drink?**

お飲み物はいかがですか？

●著者紹介

リサ・ヴォート Lisa Vogt

アメリカ・ワシントン州生まれ。メリーランド州立大学で日本研究準学士、経営学学士を、テンプル大学大学院にてTESOL（英語教育学）修士を修める。専門は英語教育、応用言語学。2007年から2010年までNHKラジオ「英語ものしり倶楽部」講師を務める。現在、明治大学・青山学院大学にて教鞭を執り、異文化コミュニケーターとして、新聞・雑誌のエッセイ執筆など幅広く活躍。一方、写真家として世界6大陸50カ国を旅する。最北地は北極圏でのシロクマ撮影でBBC賞受賞。最南地は南極大陸でのペンギン撮影。著書『魔法のリスニング』『魔法の英語 耳づくり』『魔法の英語なめらか口づくり』『超一流の英会話』（Jリサーチ出版）ほか語学書多数。写真集に『White Gift』（木耳社）ほか。

カバーデザイン	斉藤啓（ブッダプロダクションズ）
本文デザイン・DTP	株式会社シーツ・デザイン
本文イラスト	田原直子
ダウンロード音声制作	一般財団法人 英語教育協議会（ELEC）

本書へのご意見、ご感想は下記URLまでお寄せください。
https://www.jresearch.co.jp/contact

新発見！
魔法の英単語

令和 3 年（2021年）2 月 10 日 初版第 1 刷発行

著　者　リサ・ヴォート
発行人　福田 富与
発行所　有限会社 Jリサーチ出版
〒166-0002 東京都杉並区高円寺北2-29-14-705
電話 03（6808）8801（代）　FAX 03（5364）5310
編集部 03（6808）8806
https://www.jresearch.co.jp
印刷所　中央精版印刷株式会社

ISBN978-4-86392-507-6　禁無断転載。なお、乱丁・落丁はお取り替えいたします。

だれもが英語をシンプルに、すばやく楽しく吸収できる!
大学、NHK、語学番組などでも活躍中の
リサ・ヴォート先生のシリーズ本!

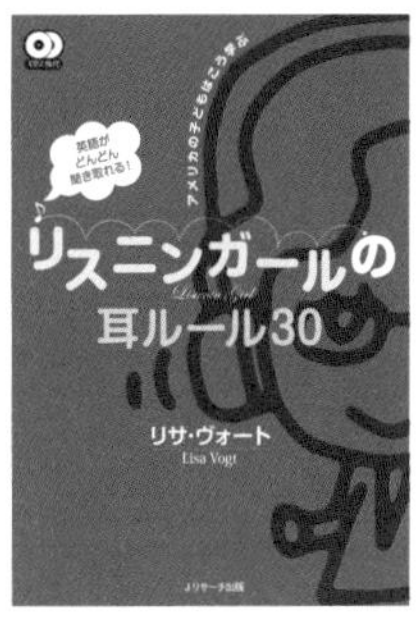

英語がどんどん聞き取れる! リスニンガールの耳ルール30

Prettyはpreddy。Butterはbudder。実際の聞こえ方にフォーカスした、実用志向のリスニング基本書。英語初級者でもネイティブのナチュラルスピードが聞き取れるようになる！

リサ・ヴォート 著
◎ISBN 9784863922488
◎A5判/224ページ/本体1,400円+税/ CD・音声DL付

英語がラクラク話せる! シャベリタガールの英会話ルール30

英語をもっとラクに話すための基本をマスター。日本人の弱点を知り尽くしたリサ先生がアメリカ仕込みの英会話ルールをやさしくアレンジ！自身の少女時代（アメリカ）の言葉遊びも交えながら、文字の暗記ではなく、「感覚」と「音」で英語を覚え、いつでも英語が口から出てくるようになる！

リサ・ヴォート 著
◎ISBN 9784863923034
◎A5判/208ページ/本体1,400円+税/ CD・音声DL付

魔法の英語 耳づくり

ネイティブが話す英語がよく聞き取れない、たくさん英語を聞いても効果がない、という人にピッタリ。「聞き取りづらい英語の音」をアルファベットごとに1位から10位までランキング。アルファベットごとに集中的にトレーニングできるので、英語特有の音の変化とナチュラルスピードの聞こえ方がしっかり耳に染み込みます。

リサ・ヴォート 著
◎ISBN 9784863921009
◎四六変型判/208ページ/本体1,000円+税/ CD・音声DL付